Comprendre



Paolo Legrenzi

# Le bonheur

## Les obstacles au bonheur ne sont pas dans le monde, ils sont dans notre tête : ce sont des pièges cognitifs qui nous empêchent d'être heureux

Traduit de l'italien
par Jean-Paul Caverni,
Professeur de psychologie cognitive
à l'Université d'Aix-Marseille I

et David Papo,
Docteur en économie
de l'Université de Milan

De Boeck & Belin

Ouvrage original :
*La felicità*, Paolo Legrenzi



Illustration de couverture : dessin de Martin, 7 ans

---

*Pour toute information sur notre fonds et les nouveautés dans votre domaine de spécialisation, consultez notre site web :* http://www.deboeck.be



1re édition



Imprimé en Belgique
Dépôt légal
Bibliothèque Nationale, Paris : février 2001
Bibliothèque Royale Albert Ier, Bruxelles : 2001/0074/54

ISSN 1373-024X
ISBN 2-7445-0107-7

# *Avant-propos à l'édition française*

Paolo Legrenzi est professeur d'université. Il enseigne la psychologie cognitive, à Milan lorsqu'il publie ce livre. Mais un universitaire ne peut se borner à enseigner : il cherche. Paolo Legrenzi étudie les processus cognitifs qui règlent nos raisonnements : il travaille en Italie, mais aussi à Londres, à Princeton, à Paris ou à Aix-Marseille. Il a été impliqué dans plusieurs des découvertes importantes de ces vingt dernières années en psychologie cognitive.

C'est aussi un « honnête homme » : il est cultivé et veut faire profiter autrui de quelques connaissances insolites. Car, il est bien insolite, de prime abord, d'imaginer que la psychologie cognitive ait quelque propos à tenir sur le bonheur : n'a t'on pas le plus souvent considéré que cognition et émotion ne faisaient pas bon ménage ? Si la première pouvait relever d'une approche cognitive, la seconde devait rester confinée aux biologistes ou aux psychanalystes. Ce petit livre pourrait bien contribuer à remiser cette idée au placard des utopies intellectuelles.

Au fil de ces pages, c'est bien un bonheur que l'on découvre. Non seulement le bonheur tel que la psychologie cognitive peut en disserter mais, aussi, le bonheur intellectuel, celui que l'on éprouve à la rencontre d'une idée originale, nouvelle et pourtant si évidente dès qu'elle a été exprimée ; ce bonheur de comprendre, donc de partager, ce que l'on ignorait savoir déjà, ou que l'on savait ignorer en espérant le savoir un jour…

Qu'aurait-il dû ne pas arriver pour qu'un paysan ne soit pas happé par le seul train de la ligne dont il traversait en charrette le passage à niveau, non gardé ce jour-là ? Qu'aurait dû ne pas faire Monsieur Rossi pour ne pas périr dans un accident de voiture au carrefour d'une route qu'il n'empruntait pas habituellement ? Est-il raisonnable de se fier à autrui ? Nous comportons-nous de façon raisonnable ?

Ce livre est émaillé d'histoires, celles que les personnes qui prêtent leur concours aux recherches de psychologie cognitive complètent par des phrases commençant par « si seulement … ». Les raisonnements qu'elles font, les jugements qu'elles portent, révèlent les biais qui risquent de nous rendre malheureux. S'il avait quelque doute, le lecteur est invité à procéder lui-même aux expériences ! Les découvertes, récentes, de la psychologie cognitive sont replacées dans l'histoire des idéologies et des philosophies. Elles sont aussi mises en perspective avec l'approche qu'ont du comportement les économistes. Cela souvent par de courtes citations, choisies.

La conclusion est donnée dès le sous-titre. Les obstacles au bonheur sont dans notre tête : ce sont des pièges cognitifs qui nous empêchent d'être heureux. Quels sont-ils donc ?

Jean-Paul Caverni
Professeur de psychologie cognitive
à l'Université d'Aix-Marseille I

Dès lors que toute circonstance susceptible d'améliorer la condition d'une personne doit être notée et inventoriée, rien [...] n'est plus laissé au hasard, aux caprices ou à l'arbitraire ; au contraire toute chose est examinée et répertoriée selon ses dimensions, son numéro, ses poids et mesures.

J. Bentham, *Pauper Management Improved.*

J'avais vaguement conscience d'être sur le point de trouver une loi, parfaite, susceptible de gouverner ces phénomènes subtils — subtils et pourtant évidents — dont ma fantaisie s'amusait. Mon divertissement venait pour partie, dirai-je, de ce que je les exagérais, les intégrant en un mystère plus étendu (donc en une loi plus étendue) que n'autorisaient les faits tels qu'ils se présentaient : mais c'est bien là l'erreur commune des esprits qui ont de la vie une vision obsessionnelle.

H. James, *La source sacrée.*

# Chapitre 1 *Il y a plusieurs façons d'être heureux*

Peut-être sont-ils très heureux ;
mais ces gens-là semblent absurdes,
même si on ne comprend pas encore bien pourquoi.

Robert Musil, *L'homme sans qualités.*

## La cigale et la fourmi

D'innombrables essais ont été écrits sur le bonheur humain. Mon but n'est pas ici d'exposer ma propre conception du bonheur, pas plus que je ne présenterai une synthèse des opinions d'autrui. Mon propos est tout autre. Il est de montrer ce que peut apporter sur cette question un nouveau secteur de la psychologie. Traditionnellement, ce sont Freud et les psychanalystes qui se sont aventurés sur le sujet. Je prendrai au contraire le point de vue de la psychologie cognitive, ou plus précisément, celui de l'approche expérimentale des mécanismes de la pensée humaine.

Je commencerai par une version contemporaine de la fable bien connue, *La cigale et la fourmi*, tirée d'un livre anglais de M. Hollis et E. Martin (*The Cunning of Reason)*, paru en 1987.

> Tout l'été la cigale consomma et la fourmi investit. « Tu te comportes de façon très irrationnelle, avertit la fourmi : quand l'hiver arrivera, tu le regretteras. »
>
> « Je serai très malheureuse, répondit la cigale, mais je me comporte de façon rationnelle. Être rationnel c'est être heureux : mon plaisir du moment dépasse ma douleur future. Viens donc avec moi et chante au soleil ! »
>
> « À mon avis, répondit la fourmi, être heureux, c'est maximiser l'utilité sur toute son existence. Le malheur et le bonheur ont un poids constant. Pour être rationnelle, je dois donc m'atteler à la tâche et investir pour l'hiver. »
>
> L'hiver arriva et la cigale fut affamée. Elle demanda son aide à la fourmi.
>
> « J'aimerais pouvoir t'aider, dit la fourmi, mais comme je suis rationnelle, je ne peux préférer ton bien-être au mien : or tu n'as rien à m'offrir en échange. Ne te sens-tu pas coupable d'avoir chanté tout l'été ? »
>
> « Très coupable, répondit la cigale, exactement comme je l'avais prévu. Mais l'instant présent est l'instant présent ; à ce moment-là, j'avais agi de façon rationnelle. C'est toi qui es irrationnelle quand tu t'interdis de me venir en aide. »
>
> La fourmi réfléchit. Mais elle n'avait à manger que de quoi finir l'hiver. « L'instant présent, pour moi, c'est toute la vie, expliqua-t-elle ; mais je peux t'aider d'une autre manière. Vois-tu les feuilles de l'arbre d'Épicure ? Elles sont délicieuses et nourrissantes. Mais un certain temps après les avoir mangées, tu tomberas malade. Moi, je ne peux pas les manger, parce que je calcule mon bonheur sur toute mon existence. Mais pour toi, le bonheur présent dépasse la douleur future. »
>
> La cigale mangea les feuilles et finit par tomber malade.
>
> « Cela en valait-il la peine ? » — demanda la fourmi à la cigale déjà agonisante.
>
> « Cela n'en vaut pas la peine maintenant, mais avant, oui » — répondit la cigale.
>
> Et la fourmi : « Je dois te dire quelque chose, mais je ne sais pas si pour toi c'est une bonne nouvelle. Il existe un antidote ! »
>
> « Vite, vite », s'exclama la cigale.
>
> « Je ne crois pas que tu puisses l'utiliser, répliqua la fourmi, parce que d'abord il fait très mal et ce n'est qu'après qu'il guérit ».
>
> « Mauvaise nouvelle, conclut la cigale, vu que je ne peux investir sur le bonheur futur. Adieu ».
>
> La cigale mourut. La fourmi mena une existence terne. Elle évita les occasions de bonheur qui auraient pu se transformer en un malheur futur. Désormais très vieille elle se dit : « Il est triste de ne pouvoir presque jamais faire ce que l'on veut : mener une existence heureuse rend la vie très dure ».

La fourmi a-t-elle bien fait de construire ainsi son bien-être, ou plutôt son absence de malheur ? Ou bien seule la cigale a-t-elle connu des instants de bonheur ? La fourmi et la cigale ont-elles réellement deux façons opposées d'affronter la vie ? L'absence de malheur est-elle autre chose que le bonheur ? N'y a-t-il pas d'autres façons de vivre que celles des cigales ou des fourmis ? Pour répondre à ces questions il convient de s'entendre sur ce que sont le bonheur, le malheur et l'absence de malheur.

## Un rappel sur le bonheur

Cette caricature de la fable classique, qui singe le calcul de l'utilité, bien connu des économistes, se conclut par le récit de ce que pense la fourmi à la fin de sa vie. Mais qu'a pensé la cigale ? Si elle a été cohérente avec elle-même, elle n'a rien pensé. Ou peut-être a-t-elle pu éprouver du plaisir au souvenir des moments agréables de son existence : l'oisiveté au soleil de l'été et la volupté ressentie en mangeant la feuille de l'arbre d'Épicure.

Un bilan plus douloureux est fait par don Fabrizio, le protagoniste du *Guépard,* au moment de sa mort :

> Il faisait le bilan de sa vie. Dans l'immense tas de cendres de son passé, il voulait grappiller les pépites d'or de ses moments heureux... Mais ces moments pouvaient-ils vraiment être mis à son actif ? N'étaient-ils pas peut-être une libéralité anticipée des béatitudes mortuaires ? Peu importait ; l'important, c'était qu'ils avaient eu lieu... « J'ai soixante-treize ans, en gros j'en aurai vécu, vraiment vécu, au total deux ou trois au maximum. » Et les douleurs, l'ennui, combien y en avait-il eu ? Quelque effort pour les compter était inutile ; c'était tout le reste : soixante-dix ans.

Ce calcul a-t-il un sens ? Peut-on isoler des moments de bonheur et se demander s'il est possible d'en augmenter le nombre ou la durée ? C'est ce que laissent entrevoir sages, saints, gouroux et la plupart de ceux qui ont écrit pour discourir sur leur sagesse. La fourmi de la fable se serait contentée d'un objectif plus modeste : chercher à diminuer la part de malheur, à atténuer les moments de plus grand malheur. Mais pour que cela soit possible, il faut que la source du malheur ne nous soit pas extérieure, il faut au contraire qu'elle relève de notre choix, conscient ou non. Il faut donc que nous ayons la faculté de modifier nos choix.

L'une des protagonistes du roman de Giuseppe Tomasi di Lampedusa, la fille de don Fabrizio, découvre seulement à la fin de sa vie qu'un épisode crucial de sa jeunesse, source de souffrance et de malheur infinis, était un « faux », une construction personnelle, une invention de son « esprit », qui s'était traduite en des décisions inconsidérées et radicales :

> La révélation soudaine pénétra lentement son esprit, et tout d'abord ne la fit pas trop souffrir. Mais quand les visiteurs eurent pris congé et qu'elle resta seule, elle commença à y voir plus clair et par conséquent à souffrir davantage. Depuis des années elle avait conjuré les spectres de son passé. Ils s'étaient, évidemment, dissimulés en toute chose ; c'était eux qui donnaient de l'amertume à sa nourriture, de l'ennui à ses fréquentations. Pourtant leur vrai visage n'était plus apparu depuis longtemps ; à présent, il surgissait, enveloppé du comique funèbre des malheurs irréparables. Certes, il serait absurde de dire que Concetta aimait encore Tancredi : l'amour éternel ne dure que quelques années, et non cinquante. Mais elle était comme une personne guérie depuis cinquante ans de la variole qui, bien qu'elle puisse en avoir oublié la torturante douleur, en garde encore les traces sur son visage. Elle portait dans l'accablement de sa vie actuelle, les cicatrices de sa déception désormais presque historique, au point même qu'on en célébrait officiellement le cinquantième anniversaire. [...] Elle n'avait pas eu d'ennemis mais une seule adversaire, elle-même ; son avenir avait été hypothéqué par sa propre imprudence, par l'impétuosité qu'elle tenait de sa famille ; et maintenant, juste au moment où, après des dizaines d'années, ses souvenirs lui revenaient bien vivants, venait à lui manquer la consolation de pouvoir attribuer à d'autres son propre malheur, consolation qui est le dernier philtre trompeur des désespérés.

L'offense, la déception et la séparation, cinquante ans auparavant, n'étaient donc pas justifiés. L'attitude de Concetta révèle que le malheur, surtout quand il est la conséquence d'une décision que nous avons prise, n'est ni la négation ni le contraire du bonheur. C'est un « sentiment » autonome, qui — comme nous chercherons à le montrer — naît et se développe à cause de mécanismes mentaux spécifiques. Si leur compréhension peut prévenir et réduire le malheur, ce n'est pas pour autant que l'on peut en tirer une recette du bonheur.

## Les types de bonheur

Le bonheur et le malheur, dans leurs sens les plus variés, ne sont pas seulement les ingrédients principaux de grands romans et de grands films, voire même des stéréotypes publicitaires. De très nombreux essais leur ont été consacrés.

Certains auteurs, comme l'économiste Albert O. Hirschman, ont cherché à appréhender le bonheur du point de vue du bien-être matériel ou de l'engagement politique. D'autres l'ont examiné au travers d'une réflexion philosophique sur les manières de se sentir heureux. Parfois c'est le bonheur même qui a été considéré comme le vrai sujet de la philosophie : selon St Augustin, il n'est pas pour l'homme d'autre raison de philosopher que celle d'être heureux.

À ce point de notre propos, esquissons une première classification provisoire, linguistique et conceptuelle.

La langue anglaise possède, à cet égard comme à d'autres, un riche lexique. Elle dispose par exemple du terme *bliss*, par lequel la romancière Katherine Mansfield a intitulé l'une de ses très belles nouvelles de 1920. En italien, ce titre a été traduit par *felicità* ; mais ce faisant quelque chose a été perdu. Le bonheur, au moins comme nous l'entendons ici, ne coïncide pas avec le sentiment de joie totale, insouciante, infantile, dont nous parle la nouvelle du même nom, dont voici le début :

> Malgré ses trente ans, Bertha Young avait des moments où elle éprouvait l'envie de courir plutôt que de marcher, d'esquisser des pas de danse en montant et descendant du trottoir, de jouer au cerceau, de lancer quelque chose en l'air pour le reprendre au vol, de rester là à rire de rien, d'absolument rien.
>
> Comment faire si vous avez trente ans et que, en tournant le coin de votre rue, vous vous sentez pris tout à coup d'un sentiment de bonheur — un bonheur absolu — comme si vous aviez avalé un fragment lumineux du soleil de cette fin d'après-midi, qu'il vous brûlait jusqu'au tréfonds de votre être, et mitraillait d'une grêle de rayons chaque parcelle de vous-même, chaque doigt de la main et du pied ?

*Bliss* désigne un état d'âme qui n'est pas le bonheur, mais qui est aussi différent de l'extase. Il s'agit d'un sentiment que nous pourrions appeler « béatitude ». C'est le sujet, c'est le moi, qui est envahi d'un inexplicable assouvissement.

Dans la tradition chrétienne, le terme « béatitude » exprime le rapport harmonieux de l'homme avec ses idéaux de vie. Les traducteurs latins de la Bible ont eu recours aux termes *beatus* et *beatitudo* au lieu de *felix* et *felicitas* (dans un rapport de 67 à 6 pour l'Ancien Testament et de 61 à zéro pour le Nouveau). Les Romains adoraient une déesse du bonheur, tandis que les chrétiens — comme le dit St Augustin — adorent Dieu, lequel donne le bonheur, au delà du caractère caduque et temporel de notre existence en ce monde :

> Puisqu'il apparaît que le bonheur est la plénitude de toutes nos aspirations et que ce n'est pas une déesse parmi d'autres, mais plutôt le don d'un Dieu unique, les hommes ne doivent plus vénérer aucun dieu si ce n'est celui qui peut donner le bonheur.

L'usage païen de béatitude, auquel ne correspond aucun terme italien (même si le traducteur de Katherine Mansfield a traduit *bliss* par *felicità*), indique un état mental que nous ne parvenons pas à expliquer, même quand, rarement, il nous arrive de l'éprouver. Bertha Young est envahie par ce sentiment, et le transfère sur tout ce qui l'entoure

Ces différents termes ne sont pas seulement la conséquence de lexiques plus ou moins détaillés. Ils sont comme la pointe d'un iceberg, dont la partie invisible correspond aux cultures qui les ont produits. Quand on dispose de plus d'un terme pour désigner un état d'âme particulier, c'est moins le résultat d'un choix linguistique que le produit d'une tradition culturelle longue et enracinée.

Pensons, par exemple, à Wolfgang Metzger, un grand psychologue allemand, qui a commencé à travailler dans les années trente. Comme on peut le lire dans son ouvrage, *Les fondements de la psychologie de la Gestalt,* il a voulu s'opposer à la tradition américaine qui lie le bonheur à la liberté individuelle :

> La mentalité de la « civilisation moderne » occidentale, sur le déclin, a pour caractéristique de considérer que son essence-même procède de l'esprit et de la volonté des hommes. [...] « l'indépendance » du sujet est source de destruction, au lieu de conduire à une société harmonieuse.

## Le bonheur collectif

Dans l'Allemagne de l'entre deux guerres, au Dieu de St. Augustin s'est substitué un « ordre nouveau », terrestre, qui rappelle le bonheur augustinien, en ce sens qu'être heureux consiste à se fondre dans la collectivité, à s'identifier à ses valeurs. Pour cet ordre nouveau, le même Metzger se réfère à la « voie du Zen », la voie de la « vraie obédience », dont le théologien et mystique médiéval Meister Eckart a parlé en rappelant que « si l'on veut accomplir une œuvre puissante et parfaite, il faut ne pas dépendre de son propre vouloir mais être totalement absorbé par l'aimante bonté divine ».

L'idée d'un au-delà où règne une harmonie accomplie est transposée dans le monde ici-bas. Elle s'incarne dans le modèle païen de l'Allemagne industrielle. Le symbole de la béatitude profane, non plus transcendante, mais immanente, s'exprime dans la construction, au début du siècle, des « maisons du peuple ». Le grand architecte Bruno Taut fait construire à Hellerau, dans la première cité-jardin, une maison du peuple, « un temple, précieux creuset pour le travail du corps réglé par l'esprit ». Ainsi se matérialise, dans ces temples, faits non seulement de pierre mais aussi d'âmes humaines, « l'esprit de la communauté », vraie source du bonheur. C'est cet « esprit de la communauté » qui doit nous éduquer, dans le sens le plus noble du terme, à devenir des citoyens et non des individus, à surmonter la distinction entre le corps et l'esprit.

Dans la tradition occidentale, les plaisirs sont associés au corps, alors que le bonheur relève de l'esprit, lequel se nourrit d'éléments intellectuels. Cette séparation a été l'un des fondements des systèmes philosophiques de grands penseurs, tel Descartes, desquels sont issues les sciences modernes. Mais cette même séparation a constitué le plus puissant obstacle à la naissance de la psychologie en tant que science et à l'étude scientifique des processus mentaux. En effet, les sciences devaient limiter leur champ d'investigation aux phénomènes naturels. En conséquence, on ne devait étudier d'une personne que son corps et ses manifestations matérielles. D'autres allaient s'occuper de l'esprit (les religions ou les philosophes, selon les idéologies).

Tenir pour sûr que « l'esprit » est une part de la nature, susceptible d'être examinée par une méthode scientifique, a constitué l'une des plus grandes conquêtes intellectuelles du siècle dernier. C'est cette conquête qui a permis et légitimé l'analyse du bonheur d'un point de vue psychologique. Des psychologues comme Metzger sont donc intéressants, parce qu'ils cherchent à définir la psychologie scientifique comme synthèse entre l'esprit et le corps, entre l'individu et la société. Dans cette perspective, le bonheur n'est plus exclusivement un fait de pensée : la béatitude ne naît plus de l'effacement du corps. Le dualisme psychophysique proposé par tant de savants est ainsi définitivement dépassé. Descartes, par exemple, pensait que nous étions faits de deux entités interactives, le corps et l'esprit. De cette conception dualiste, il reste la trace dans la psychologie du sens commun. Quand, par exemple, on nous demande « Comment vas-tu ? Tu vas bien ? », on répond presque spontanément en distinguant son bien-être physique de son moral.

## Le bonheur individuel

La tentative de Metzger, et d'autres chercheurs de son école, consiste à proposer une conception de la personne dans laquelle l'esprit et le corps forment une seule entité. Lorsqu'elle arrivera en Amérique, cette tentative subira des transformations : elle perdra l'accent mis sur le rôle de la collectivité dans la construction de cette synthèse. Ainsi commencera l'époque des recettes « sur mesure » pour le bonheur, comme s'il s'agissait de régimes alimentaires. La « chasse au bonheur » devient un phénomène de masse mais, en même temps, une recherche exclusivement individuelle. Les innombrables techniques proposées de nos jours par d'enthousiastes prophètes de bonheur -pas toujours sérieux- naissent des façons différentes selon lesquelles est conçue et réalisée cette fusion entre l'esprit et le corps. Il s'agit de transpositions en termes individualistes des vieux rêves importés d'Europe. Peut-être ces rêves se sont-ils étiolés ? Mais ils se sont certainement concrétisés, en se transformant en procédures particulières tendant à tonifier à la fois le corps et l'esprit. Dans maints manuels américains, par exemple, on enseigne à se libérer du stress en décontractant ses muscles mais en pensant simultanément à des situations et à des épisodes « où nous nous sommes sentis vraiment bien ». Ce qui au début du siècle était en Allemagne « le travail du corps réglé par l'esprit » — esprit qui n'est libre que s'il se fond dans la communauté — se réduit à des prescriptions quotidiennes, à des impératifs du type : « pensez de façon positive ». Voilà que les Américains se trouvent devant une nouvelle frontière, non plus la frontière géographique de l'Ouest, mais la frontière psychologique du bonheur. Comme alors, selon les vieux mythes des westerns, ce sont les individus qui doivent forger par eux-mêmes leur destin. Celui qui n'a pas de succès, qui donc est malheureux, est victime de lui-même plus que des événements.

L'idée de construction par soi-même de son propre bonheur, avant de se transformer en d'innombrables recettes, différentes mais toujours semblables, avait une longue tradition philosophique et littéraire.

Salvatore Natoli, à la fin d'un essai intitulé *Felicità,* conclut en soulignant que « l'expérience du bonheur ne peut jamais être totalement dissociée des stratégies employées pour l'atteindre. En ce sens, l'homme le mérite ». Il rappelle les paroles d'Horace (*Carmina,* III, 29, 42-48) :

> Heureux de vivre et maître de soi, qui à chaque tombée du jour pourra dire : « J'ai vécu. Demain, le Père peut bien charger le ciel de nuées sombres, ou le soleil le rendre serein, cela ne rendra pas mon passé caduque ni ne pourra l'effacer, comme si ce que m'a apporté un instant fugitif n'avait pas existé.

Dans Horace, le bonheur entendu comme objectif personnel, à atteindre individuellement, se conjugue à l'idée que le monde échappe à notre contrôle, sauf pour quelques brefs instants. Ainsi l'attachement aux plaisirs du présent accompagne l'idée que le futur nous est inconnu et probablement hostile. Mais ce futur ne touche pas le présent, exactement comme il en est de la cigale de la fable.

L'esprit de « la frontière » est bien différent du fatalisme d'Horace. C'est précisément du contrôle de l'individu qui plie à ses fins le monde externe que naît le bonheur. Si cette idée de bonheur, droit et devoir de tous les individus, par rapport auquel ils naissent égaux, est si forte et si répandue, c'est parce qu'elle a été placée au fondement même d'un pays nouveau et libre. Les ex-colons anglais des États-Unis, en revendiquant leur autonomie, ont souligné justement ce principe, que nous trouvons explicité dans le célèbre passage du texte de la *Déclaration d'Indépendance* américaine :

> Nous considérons comme vérités évidentes que tous les hommes ont été créés égaux et que le Créateur les a dotés de certains droits inaliénables, dont la vie, la liberté et la quête du bonheur.

La *chasse au bonheur* [1], la recherche du bonheur, trouve son origine chez les pères fondateurs du nouveau monde américain, Benjamin Franklin et Thomas Jefferson, pour aboutir à Paris et se diffuser ensuite en Europe grâce à la Révolution française. Le bonheur devient ainsi un ingrédient de la modernité : il est conçu de telle sorte que l'on puisse créer les conditions pour qu'il se réalise.

C'est l'Amérique qui a engendré et développé le concept de bonheur individuel et qui a créé les conditions culturelles pour justifier l'étude analytique des facteurs qui le facilitent ou l'entravent. Comme on l'a déjà dit, c'est avec cette grille de lecture que l'Amérique avait déjà filtré les conceptions du bonheur venues d'Europe. En traversant l'Atlantique avec les émigrants, ces conceptions ont trouvé un terrain fertile. Elles se sont enracinées, mais elles se sont aussi transformées. Elles se sont nourries d'esprit de compétition, car le combat pour la survie est aussi un combat pour le bonheur. Les mêmes psychologues allemands, forcés d'émigrer en Amérique dans les années trente, ont cherché à utiliser leurs théories pour comprendre et pour influencer le goût des gens, ainsi que pour réduire les conflits sociaux. Comme l'ont montré à maintes reprises les historiens des idées, la psychanalyse, en voyageant outre-mer, s'est allégée de maintes prétentions. En premier lieu, de celles qui tendaient à la transformation de la société. Elle a fini par devenir un instrument d'« hygiène mentale » pour les individus pris un à un et, dans cette version réduite, elle a dû affronter une concurrence de plus en plus aguerrie.

La *chasse au bonheur* [1] s'est ainsi, peu à peu, transformée en recherche du *well-being and satisfaction* (le bien-être et la satisfaction). Une ligne de recherche, quelque peu naïve, s'est trouvée ainsi encouragée, qui tend à repérer et à mesurer les facteurs qui subjectivement déterminent « bien-être et satisfaction ».

1. En français dans le texte.

## Mériter son bonheur

En Amérique, une méfiance de plus en plus profonde s'est développée à l'égard du bonheur conçu comme le résultat d'un projet social, guidé par une entité centrale (un État, un parti, ou n'importe quelle organisation collective). Cette idée, issue des grands systèmes philosophiques européens du siècle dernier, avait trouvé, précisément dans la culture allemande, ses opposants les plus tenaces. Par exemple, le grand économiste, philosophe et psychologue autrichien Friedrich August von Hayek a cherché à mettre en évidence les difficultés théoriques inhérentes aux conceptions qui s'appuient sur l'idée de l'existence d'un esprit collectif. L'échec des concepts de « cerveaux collectifs » et de « sociétés nouvelles » prend son origine dans l'extrême difficulté à évaluer et à recomposer les préférences de chaque individu (voir ci-après *Le bonheur avec les autres*). De là, la supériorité d'une méthode d'étude qui prend pour unité d'analyse l'individu (individualisme méthodologique).

Après la deuxième guerre mondiale, l'Amérique acceptera avec enthousiasme la critique de von Hayek, qui reviendra alors une nouvelle fois en Europe. Nous en entendrons les échos dans les propos, peu raffinés mais explicites, de Margaret Thatcher : « une chose comme la société, ça n'existe tout simplement pas ! »

Dans le mythe de l'Ouest, chacun doit chercher à s'en sortir par lui-même et à construire « son » propre bonheur. Au point que le « bonheur particulier », certifié selon les critères américains, est la garantie du « bonheur public », c'est-à-dire du fait qu'une société est saine, précisément parce que chacun des individus qui la composent peut y trouver « son » bonheur. L'idée calviniste selon laquelle le bonheur sur terre est un signe de l'élection divine, du salut dans l'au-delà, revient sous de nouvelles formes.

Quand les ressources sont limitées, le bonheur ne peut être accordé qu'à quelques-uns. Qui sera donc élu, non par Dieu mais par les hommes ? Seront privilégiés ceux qui auront su construire leur succès et par conséquent leur bonheur. Seuls, ils méritent la récompense ultérieure qui ne peut être donnée à tous. Comme exemple de l'application de ce principe, l'anthropologue anglaise Mary Douglas, dans son livre *Comment pensent les institutions*, rappelle les critères du Centre du rein artificiel de Seattle :

> N'étaient considérés comme « dignes » d'être sauvés par un traitement rare et coûteux, comme la dialyse chronique, que les sujets qui faisaient montre de qualités telles que la dignité et le sens des responsabilités. N'importe quelle affaire de déviance sociale, par

exemple une incarcération, n'importe quel indice d'une vie matrimoniale qui ne soit pas sans tache et dénuée de scandales, constituaient autant de graves contre-indications au traitement.

Le candidat idéal était un sujet qui avait été capable de connaître le succès professionnel en travaillant dur, qui allait à l'église, faisait partie d'associations et s'engageait activement dans les problèmes de sa communauté.

## Apprendre à ne pas être malheureux

L'autre grande idée, toujours liée à l'esprit de frontière, est celle de pouvoir changer, non seulement le monde, mais aussi de pouvoir se changer soi-même. Pour changer, il faut apprendre à être différents, à s'améliorer, à se rapprocher de la norme de « bonheur » que la société reconnaît et récompense. On peut apprendre le bonheur et, en cela, on peut être aidé. L'idée même de « faire tout par soi-même » consiste justement à apprendre tout seuls, grâce aux conseils avisés d'un expert. D'où l'éclosion de guides, manuels, recettes, préceptes, et autres livres d'instructions : pour la maison, la famille, le jardin, l'argent, la santé et aussi, et non des moindres, pour « créer » son bonheur.

Il y a quelques années, j'ai été reçu par un ami dans une petite localité à la mode au bord de la mer, près de Boston. La moitié de la seule librairie du village offrait des « guides ». Pour la plupart, il s'agissait de manuels pour construire son « bonheur personnel ». Intrigué, j'achetai et je lus ceux qui avaient le plus de succès. En spécialiste de la psychologie cognitive, je m'avisai tout de suite d'un aspect curieux. Nombre de conseils visaient à « surmonter » certaines de nos tendances, tenues pour innées ou congénitales : il s'agissait de connaître ces aspects de la nature humaine, pour les contrôler et parfois les réprimer. Je m'aperçus qu'à l'origine de ces tendances, il y a justement certains des mécanismes que les psychologues cognitivistes ont étudié, bien qu'avec des intentions et des fins différentes.

Pour un spécialiste des processus de pensée, il n'est pas difficile d'accepter l'idée que l'homme soit mentalement « limité ». Il n'est pas surprenant que nous ne nous représentions pas les problèmes de façon complète. Et le fait que nous ne réussissions pas à conduire correctement certains raisonnements et à décider en conséquence, ne l'est pas non plus. Tout cela est tout au plus, long et complexe à étudier, mais ne nous étonne plus. On sait que nos capacités mentales, en premier lieu notre attention et notre mémoire, sont génétiquement limitées. Moins évidente est notre capacité à contourner ces obstacles. L'homme a en effet développé des stratégies de pensée qui souvent sont productives, précisément parce qu'elles tiennent compte de nos limites cognitives. Mais parfois ces stratégies nous trahissent.

L'équilibre, entre les limites de l'esprit et ses astuces pour les contourner et les exploiter, n'est pas très difficile à expliquer dans une optique d'adaptation intelligente au milieu.

## Le bonheur comme adaptation

Comment se fait-il que nous nous mettions dans des conditions telles que nous soyons malheureux ? Voilà qui n'est pas facile à comprendre. En effet, les mécanismes mentaux qui génèrent le malheur, dont nous parlerons dans ce livre, ne sont pas propres à des individus ayant eu des vies particulières. Si tel était le cas, le malheur pourrait être une réponse adaptative à un milieu hostile, pour le supporter ou pour le modifier. Au contraire, ces mécanismes semblent assez fréquents et partagés : dans notre culture, la plupart des personnes tend à « voir » le monde d'une même manière. S'agit-il donc d'un fait culturel ? Comment se fait-il que notre culture ne se soit pas adaptée, c'est-à-dire qu'elle ne nous ait pas enseigné à voir les choses du meilleur des points de vue possibles.

L'hypothèse la plus courante, celle qui a été le plus souvent avancée, s'inspire des travaux de Darwin, transposés de la biologie à la société. Dans un monde ancien, très différent du nôtre, dans des sociétés principalement agricoles et fondamentalement stables, notre façon d'envisager les choses était fonctionnelle. Entre-temps, le monde a changé et la fonction « adaptative », qui s'était exercée pendant des milliers d'années, s'est perdue. Du point de vue de l'évolution du cerveau, ce qui se produit en quelques siècles, ne représente qu'un instant. Et pourtant, dans cet instant, il s'est produit un peu de tout. Est-il donc étonnant que nous n'ayons pas réussi à perdre des habitudes invétérées, des aptitudes mentales acquises dans un monde qui pendant des millénaires a été si différent ?

Si le malheur résulte d'une manière inadaptée d'appréhender les choses, qui autrefois fonctionnait bien mais qui désormais n'est plus satisfaisante, la clé pour réduire le malheur consiste à se libérer d'une perspective erronée, qui habituellement nous empêche de considérer les choses du bon côté. La personne qui, mieux que tout autre, a entrevu le problème est peut-être Antoine de Saint-Exupéry, dans son célèbre conte *Le Petit Prince*[2], qui commence ainsi :

2. Antoine de Saint-Exupéry, *Le Petit Prince*, avec des aquarelles de l'auteur, Paris, Gallimard, 1946.

Lorsque j'avais six ans j'ai vu, une fois, une magnifique image, dans un livre sur la Forêt Vierge qui s'appelait « Histoires Vécues ». Ça représentait un serpent boa qui avalait un fauve. Voilà la copie du dessin.

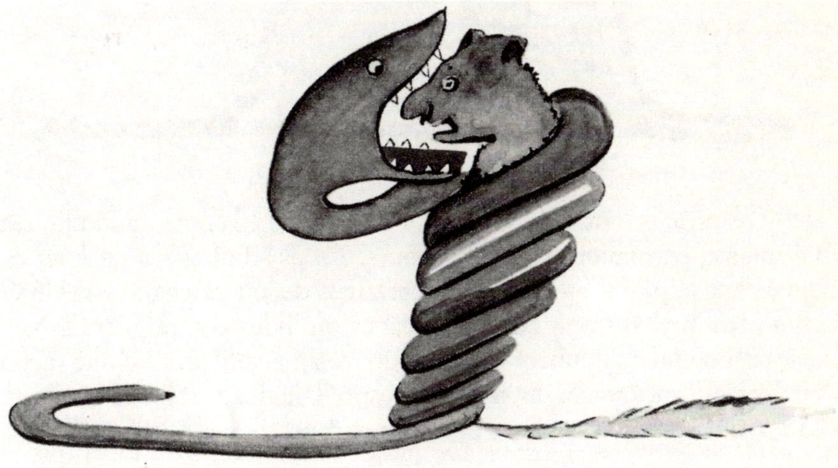

On disait dans le livre : « Les serpents boas avalent leur proie tout entière, sans la mâcher. Ensuite ils ne peuvent plus bouger et ils dorment pendant les six mois de leur digestion. »

J'ai beaucoup réfléchi sur les aventures de la jungle et, à mon tour, j'ai réussi, avec un crayon de couleur, à tracer mon premier dessin. Mon dessin numéro 1 était comme cela :

J'ai montré mon chef-d'œuvre aux grandes personnes et je leur ai demandé si mon dessin leur faisait peur.

Elles m'ont répondu : « Pourquoi un chapeau ferait-il peur ? »

Mon dessin ne représentait pas un chapeau. Il représentait un serpent boa qui digérait un éléphant.

Désormais, nous pouvons aller au-delà de ce conte, qui indique une voie mais n'en explore pas le parcours. La psychologie a en effet commencé cette exploration. Elle a fait certaines découvertes qui vous intéresseront peut-être. Il s'agit des mécanismes qui nous contraignent à voir les choses d'une façon donnée. Comprendre ces mécanismes est une façon de s'en libérer, surtout si on n'est pas spontanément capable de faire le « saut » qui permet de voir un boa au lieu d'un chapeau.

# Chapitre 2 *Le bonheur de posséder et le malheur de perdre*

Et je comprenais l'impossibilité où se heurte l'amour. Nous nous imaginons qu'il a comme objet un être qui peut être couché devant nous, enfermé dans un corps. Hélas ! Il est l'extension de cet être à tous les points de l'espace et du temps que cet être a occupés et occupera.

Marcel Proust, *La prisonnière*.

## L'expérience des tasses

Imaginez que vous jouez à un jeu, entre l'absurde et le stupide, avec l'un de vos amis. D'abord vous lui faites évaluer la valeur d'un objet quelconque que vous avez chez vous. Puis vous le lui offrez et vous lui demandez alors pour quel prix il voudrait vous le rendre. Ainsi décrite cette attitude est incompréhensible : pourquoi racheter à votre ami quelque chose que vous venez de lui offrir ?

Cette petite histoire imaginaire ressemble à une expérience de psychologie économique classique, beaucoup plus sensée, menée par D. Kahneman, G.L. Knetsch et R.H. Thaler. Cette expérience révèle qu'une personne vend un objet qu'elle possède plus cher qu'elle ne consent à le payer pour l'acheter. Or, cette différence ne procède pas de ce que la personne serait attachée à l'objet en question.

Pour faire une expérience proprement dite, il faut plusieurs personnes, au moins une douzaine, à diviser en deux groupes. L'idéal est de les trouver à une fête et de leur dire qu'on veut organiser un jeu de société. Il faut acheter des objets identiques, de peu de valeur (justement du type de ceux que l'on peut gagner dans une tombola : des stylos, des tasses, des crayons, etc.).

Voici les instructions que l'organisateur du jeu doit suivre.

Une fois les personnes divisées en deux groupes, on appelle l'un d'eux, *groupe des vendeurs.* On offre à chacun de ses membres, par exemple une tasse. Après avoir précisé que la tasse est à eux, qu'ils peuvent la garder, on leur demande combien d'argent ils voudraient pour rendre la tasse : en d'autres termes, à quel prix ils consentiraient à *vendre* la tasse.

Aux membres du deuxième groupe, celui des *« estimateurs »,* on demande en revanche, à l'insu des autres, d'indiquer combien d'argent ils seraient disposés à payer pour avoir le même objet que celui qui a été offert aux *vendeurs.*

Chaque personne devra écrire la valeur sur un bout de papier, sans la montrer aux autres. On explique en outre que, une fois leur estimation écrite, il leur sera révélé le *vrai* prix du marché. C'est le prix payé par l'organisateur pour acheter les tasses avant le jeu.

Quand la phase des estimations est terminée, on regarde les prix inscrits sur les bouts de papier. Si un membre du groupe des *vendeurs* a écrit un prix inférieur au *vrai* prix (le prix d'achat), alors *il garde* la tasse. Si un membre du groupe des *estimateurs* a écrit un prix inférieur au *vrai* prix, on lui *offre* la tasse. Si, par contre, le chiffre écrit est supérieur au *vrai* prix, tant le *vendeur* que l'*estimateur* finissent le jeu avec une somme qui correspond au *vrai* prix. Le *vendeur* rend la tasse et reçoit l'argent. L'*estimateur* obtient directement la même somme.

L'histoire semble un peu compliquée. En réalité les *vendeurs* et les *estimateurs* se trouvent face au même choix : se trouver, à la fin du jeu, avec en main, soit une certaine somme d'argent, soit la tasse. Notons en outre qu'il n'est pas plausible que cette tasse ait acquis, pour les *vendeurs,* une valeur affective. En effet, elle leur a été offerte au début du jeu. Ils viennent de l'avoir, comme s'ils l'avaient gagnée à la tombola, mais sans avoir le mérite de la victoire.

D'un point de vue objectif, le jeu a créé entre vendeurs et estimateurs une seule différence : les premiers ont possédé la tasse, même si c'est pour fort peu de temps. Ce petit laps de temps de possession de l'objet suffira-t-il à différencier le comportement des personnes selon qu'elles auront été vendeur ou estimateur ?

Essayez de compter le nombre de joueurs qui, à la fin du jeu, préfèrent détenir la tasse : vous verrez qu'ils sont toujours plus nombreux dans le groupe des *vendeurs.* Essayez aussi de faire la moyenne des prix inscrits sur les bouts de papier : vous verrez que le prix moyen indiqué par les *vendeurs* est toujours supérieur à celui des *estimateurs.*

Nous avons affaire ici à un mécanisme cognitif à l'état pur : le fait qu'un objet m'appartienne, même si je ne me suis pas encore attaché à lui, en accroît à mes yeux la valeur. Du point de vue d'un économiste, d'un homme d'affaire expert, tous les joueurs sont dans les mêmes conditions. Il s'agit simplement d'établir la valeur d'un objet donné.

Du point de vue psychologique, il en va différemment pour les membres des deux groupes. Les *estimateurs* en effet ont à décider quelle est la somme minimale d'argent à laquelle ils préfèrent renoncer, pour avoir la tasse. Les *vendeurs* en revanche, ont déjà la tasse. Eux, doivent décider s'ils s'en déferont moyennant une certaine somme d'argent, somme qu'ils doivent eux-mêmes fixer. La tasse a déjà été « incorporée à leurs biens ».

Le fait que les comportements diffèrent indique que le regret de perdre quelque chose qui nous appartient est plus grand que le plaisir de l'acquérir. La mesure de ce regret est précisément la différence moyenne des sommes d'argent indiquées par chacun des groupes.

Pourquoi est-il difficile d'observer cet effet dans la vie quotidienne ? D'habitude, ce qui nous appartient est à nous depuis un certain temps, souvent assez long. Il est donc difficile de séparer sa valeur *effective* de sa valeur *affective.* Cette dernière s'ajoute à la première et il est donc évident qu'on regrette davantage de se défaire de quelque chose qu'on n'apprécie d'entrer en sa possession. Cependant, si nous retirons la valeur affective, comme dans l'expérience ci-dessus, il reste de toute façon un petit quelque chose, une différence : c'est le *surplus* de valeur qu'un objet acquiert à nos yeux par le simple fait qu'il est à nous.

## L'extension du moi

Quand un objet, concret ou symbolique, est intégré à notre « moi » restreint (notre propre personne), mais aussi à notre « moi » élargi (couple, famille, groupe d'amis, collègues de bureau, société pour laquelle nous travaillons, équipe dont nous sommes supporter, parti dans lequel nous militons, église ou secte en laquelle nous croyons et ainsi de suite), il acquiert, grâce à cette simple appartenance, une « valeur ajoutée ».

Ce mécanisme psychologique, fort, d'extension du moi influence directement notre bonheur. En effet, l'extension et le rétrécissement de cet espace provoquent plaisirs et peines. Le problème est donc celui des limites de notre moi.

Dans un monde simple, basé sur une économie de type agricole, les biens matériels et symboliques dont on pouvait entrer en possession étaient très peu nombreux. Il était donc très sage d'élargir la sphère de son moi à sa communauté. Le monde auquel notre moi s'étendait était stable pendant toute notre vie, et de génération en génération.

Désormais le monde est bien plus complexe. Quand nous étendons les limites de notre moi, nous devenons beaucoup plus vulnérables. En effet, l'extension se caractérise désormais par des turbulences : il s'ensuit qu'au fur et à mesure qu'elle augmente, augmentent également les pertes potentielles. Théoriquement, pertes et gains peuvent être évalués de manière neutre. Comme le disait la fourmi, « pour moi, le malheur et le bonheur ont un poids constant ». Si nous nous comportions de la sorte, l'extension du moi à des sphères toujours plus larges pourrait être un facteur positif. Il se créerait, à long terme, une tendance à rééquilibrer ce que nous perdons et ce que nous acquérons. Malheureusement, il n'en est pas ainsi. Nous fonctionnons de façon plus semblable à la cigale. Et ce, non à cause de motifs contingents, mais à cause d'un mécanisme cognitif stable et puissant.

Dans de très nombreux domaines (celui, symbolique, des affects, avant même celui des biens matériels), perdre un objet qui est « à nous », dans lequel nous avons investi « affectivement », comporte, en termes absolus, une douleur supérieure au plaisir que susciterait son acquisition. Il s'ensuit que la perte n'est pas compensée par un gain de même importance. Ce dernier n'efface pas le regret causé par la perte. La première règle, pour qu'une vie soit heureuse, est donc de chercher à diminuer les pertes potentielles, ou mieux, à diminuer la crainte de pertes potentielles.

Plus notre moi est étendu, plus il incorpore de phénomènes et de processus qui sont hors de notre contrôle.

Si notre équipe favorite gagne des points, si notre travail est gratifiant (pas seulement sur le plan financier), si les êtres qui nous sont chers réussissent dans ce qui nous tient à cœur, tout cela est-il sous notre contrôle ? Il est évident que cela ne l'est que pour une part infime. Nous ne savons même pas s'il continuera à en être ainsi. Des facteurs de changement négatif, que nous ne connaissons absolument pas, peuvent survenir.

Considérons les trois phénomènes suivants :

a) la douleur causée par la perte de quelque chose qui nous appartient ou que nous croyons nous appartenir ;

b) la conscience de notre incapacité de contrôler une bonne part de ce qui relève de notre « moi » : de sorte que nous ignorons qui ou ce qui dans le futur pourra nous les enlever ;

c) le sentiment de notre incapacité à nous opposer aux dangers qui pourraient frapper nos « possessions » matérielles et symboliques.

La combinaison de ces états mentaux crée les conditions optimales pour susciter l'anxiété. Qu'est-ce que l'anxiété ? C'est justement la peur de perdre quelque chose *avant* de l'avoir perdue. Il s'agit en somme d'*une attente de perte.*

## Pertes relatives et pertes absolues

Nous ne vivons pas comme Robinson Crusoé, solitaires sur une île. Le fait que notre moi s'étende à ce qui nous entoure a pour conséquence que nous comparons notre situation, même dans les cas heureux de « gains », avec la situation d'autrui. Cette comparaison, souvent sans aucune raison d'être, suscite une sorte de regret ou d'envie qui parviennent à nous gâcher jusqu'aux événements les plus heureux. Pour comprendre comment fonctionne concrètement ce mécanisme « pervers », considérez la situation suivante :

> Monsieur Rossi fait la queue au cinéma. Quand il arrive à la caisse, on lui dit qu'il est le cent millième client. De ce fait, il gagne cent mille lires.
>
> Monsieur Bianchi fait la queue devant un autre cinéma. La personne qui se trouve devant lui gagne un million de lires parce qu'elle est le millionième client de ce cinéma. Quant à lui, il gagne deux cent mille lires, parce qu'il est tout de suite après.

Qui, d'après vous, est le plus heureux : Monsieur Rossi ou Monsieur Bianchi ?

Si vous faites lire cette histoire à vos amis, il y a de grandes chances qu'ils vous répondent, curieusement : « Rossi sera plus heureux que Bianchi qui a failli gagner un million. » Le regret, la rage peut-être, psychologiquement compréhensibles (mais irrationnels, comme nous le verrons, selon une perspective d'économiste), découle du fait que Bianchi s'est identifié à l'inconnu qui faisait la queue devant lui. Même s'il n'a rien à voir avec ce monsieur, celui-ci était si près de lui que son moi l'a inévitablement assimilé. Si ce million était « presque » à lui, il est évident que Bianchi se sent malheureux. En effet, il a gagné deux cent mille lires, mais en même temps, il en a perdu d'un cheveu huit cent mille. Ce qui dans l'absolu est un gain, en termes relatifs devient une perte, un manque à gagner.

Il y a quelques années, une bien curieuse recherche a été menée, qui confirme, dans un contexte réel, l'analyse précédente. On a recueilli des enregistrements vidéo des podiums de toutes les épreuves des Olympiades de 1992. On a isolé les prises de vue des visages des athlètes arrivés seconds et troisièmes. Dans l'absolu, le vainqueur devrait être plus heureux que le second et celui-ci plus que le troisième. Au contraire, des juges impartiaux, examinant les enregistrements, ont estimé que les expressions et le comportement de ceux qui avaient obtenu la troisième place, exprimaient en moyenne plus de bonheur que ceux qui avaient été seconds. Les athlètes qui avaient gagné la médaille d'argent montraient la déception liée à la conscience d'avoir raté, souvent de peu, la médaille d'or si convoitée. Quand on demanda aux juges d'évaluer — sur la base d'interviews accordées après les épreuves — l'état d'esprit des athlètes, le résultat fut semblable à celui apporté par l'examen des expressions faciales. Les interviews devaient être classées sur la base de trois catégories :

1. l'interviewé s'est concentré sur le fait qu'il aurait pu mieux faire : il s'est comparé à celui qui l'a dépassé ;
2. l'interviewé s'est concentré sur le fait qu'il aurait pu faire plus mal : il s'est comparé à celui qu'il a dépassé ;
3. l'interviewé s'est concentré sur sa propre performance et ne s'est pas comparé aux autres.

Il est apparu que les interviews des médailles d'argent étaient le plus souvent du premier type, tandis que celles des médailles de bronze se rapprochaient du troisième. À un siècle de distance, nous avons ainsi une vérification expérimentale de l'intuition du grand William James, qui — dans sa *Psychologie* de 1892 — écrivait :

> Ainsi assistons-nous au paradoxe d'un homme qui meurt de honte parce qu'il est le deuxième boxeur ou le deuxième rameur mondial. Le fait qu'il soit à même de battre toute la population du globe, sauf une personne, ne compte pour rien ; c'est cette personne-là qu'il « doit » battre ; tant qu'il n'y parvient pas, le reste ne compte pas.

Le regret pour des pertes supposées, pour des manques à gagner, peut nous rendre malheureux. Sans aucun doute, la crainte de pertes dans le futur nous rend anxieux. Peut-être ces pertes ne se produiront-elles jamais, mais en attendant elles suscitent une forte anxiété. Comme le disait Montaigne : « Ma vie a été pleine de terribles disgrâces, dont la plupart ne se sont jamais produites ». Comme nous le verrons plus loin, la stratégie la plus efficace pour prévenir l'anxiété consiste à ne se préoccuper que de ce qui est sous notre contrôle ; c'est-à-dire de ce que nous pouvons prévenir, de ce dont nous pouvons modifier les conséquences.

Le fait que l'attente d'une perte (même sous forme de manque à gagner) soit irrationnelle — dès lors que la probabilité qu'elle se produise est très faible — ne doit pas nous faire oublier que la peur et l'anxiété sont psychologiquement « réelles ». Elles sont réelles comme bien d'autres états mentaux : les émotions que nous éprouvons quand nous sommes amoureux, la tension pour nous rappeler quelque chose, l'incertitude devant une décision à prendre pour résoudre un problème de la vie. En somme, quand vous rencontrez une personne qui a une peur de ce type, vous devez savoir que la peur est « réelle », même si, objectivement, le danger peut ne pas l'être du tout.

Il est sot de chercher à éliminer les peurs, les anxiétés, les craintes, et le malheur qui en résulte, en se persuadant ou en s'efforçant de convaincre autrui que le danger futur est fort improbable. En effet, du point de vue cognitif, le caractère certain des premières est sans rapport avec le caractère improbable du second.

## Vraies peurs et périls imaginaires

Il importe de se représenter correctement la genèse potentielle selon laquelle peut se construire le malheur : une perte future, dès lors qu'on y croit et qu'on la redoute, même si elle est improbable, peut se transformer en une peur effective, qui elle est « certaine ». Cherchons à voir si, *maintenant*, *en ce moment même*, apparaissent chez nous, même faiblement, les symptômes de la peur et de l'anxiété.

EFFETS MENTAUX : CE QUE VOUS AVEZ EN TÊTE

- Concentration excessive sur un événement redouté.
- Surévaluation de la probabilité qu'un événement se produise.
- Difficulté à affronter un problème et à prendre des décisions à son propos.
- Attention sélective à tous les indices qui peuvent annoncer l'événement redouté : c'est-à-dire attention excessive aux signes prémonitoires de malheur ou d'échec.
- Sensation d'impuissance face au futur.
- Incapacité de distinguer ce qui est sous votre contrôle de ce qui ne l'est pas.
- Surévaluation des conséquences négatives de l'événement redouté.

EFFETS COMPORTEMENTAUX : CE QUE VOUS FAITES

- Perturbation de l'ensemble de vos activités.
- Perte d'efficience, aboulie.
- Activités différées sans motif.
- Délégation excessive à qui dit savoir résoudre votre problème.
- Inaction, fatalisme et négligence d'actions préventives possibles.
- Transfert de vos anxiétés à autrui.

Quand nous constatons l'un ou plusieurs de ces symptômes, mentaux ou comportementaux, il nous faut mettre en œuvre une stratégie, de *repositionnement*, qui modifie la position de l'événement redouté par rapport aux limites spatiales et temporelles de notre moi.

Voici quelques-unes des techniques simples, susceptibles de nous aider tant que nous n'arrivons pas à rendre automatiques et inconscientes ces opérations de « repositionnement ». Pour atteindre cet objectif, nous devons nous exercer dès qu'apparaissent l'un ou plusieurs des symptômes décrits ci-dessus, afin que, avec l'habitude, le repositionnement devienne automatique. Cet automatisme est gage de sagesse. Or, on ne peut enseigner la sagesse (on ne peut que la pratiquer).

Considérons donc les deux techniques principales de repositionnement d'un événement ou d'une situation anxiogène. Naturellement, elles peuvent être employées conjointement, et se renforcent réciproquement.

## Limites temporelles

Imaginons que l'événement redouté se produit maintenant, ou plutôt qu'il vienne de se produire. Cherchons à en quantifier les dommages en prenant pour référence non pas le présent, mais une « fenêtre temporelle » bien plus ample. Projetons les conséquences de ces dommages sur ce que sera notre vie dans un mois, dans un an, dans dix ans...

Si nous élargissons la « fenêtre temporelle » dans laquelle nous évaluons cet événement, son impact négatif ultérieur sera-t-il évalué de la même manière que si nous le quantifiions maintenant ? Imaginons que l'événement se soit produit il y a dix ans, quelle importance aurait-il à nos yeux aujourd'hui ? Essayons donc de considérer que le futur est déjà passé : imaginons-nous dans un mois, dans un an, dans dix ans et ainsi de suite. Ou bien plaçons-nous mentalement dans un passé lointain, par exemple en nous référant à un moment où il nous est arrivé quelque chose d'analogue. Nous constaterons qu'aujourd'hui déjà, les effets de cet événement sont marginaux, voire insignifiants.

## Limites spatiales

Imaginons que nous placions l'événement redouté sur une échelle de malheur. À une extrémité de l'échelle, nous avons le ou les événements qui, depuis que nous sommes nés, nous ont rendus très malheureux. À l'autre extrémité, nous aurons les événements qui nous ont rendus peu ou très peu malheureux.

Si nous construisons cette dimension continue, nous constaterons que les événements qui nous ont rendu très malheureux peuvent être de nature très différente de ceux qui nous ont rendu peu malheureux. Il ne s'agit pas nécessairement des mêmes choses, une fois de signe très négatif et l'autre fois de signe moins négatif (malade-convalescent, indigent-pauvre, mauvais-médiocre, etc.). Imaginons en outre que nous mesurons les distances sur cette échelle : nous découvrons que l'importance du malheur causée par un événement dépend non seulement de sa position sur l'échelle elle-même, mais aussi du système de référence. Imaginons que nous confrontions le même événement *X* avec deux autres : l'événement *II*, très malheureux et l'événement *I*, malheureux. Quand *X* est confronté à *II,* il semble avoir suscité moins de malheur que lorsqu'il est confronté à *I.* Cela signifie que se produisent, sur cette échelle, ce que les psychologues appellent les « effets de contraste ». Si donc nous pensons à un événement malheureux qui nous est arrivé et que nous le confrontons avec un événement bien plus malheureux, qui aurait pu nous arriver, nous éprouvons une sensation de soulagement.

Ainsi, en faisant ces exercices mentaux et en repositionnant l'événement redouté dans des limites temporelles et spatiales plus amples, nous pouvons constater que l'événement en question ne mérite pas tellement de préoccupations.

Par exemple, il m'est souvent arrivé — en voulant prendre le vol du matin de Venise à Rome — de découvrir que ce vol était supprimé, ou qu'il était signalé avec un grand retard au départ. En repensant aux autres fois où cela m'était arrivé, j'ai toujours découvert que, en considérant les choses avec une certaine distance temporelle, les conséquences n'en avaient pas été aussi désastreuses qu'elles pouvaient le sembler sur le moment.

Pour ce qui est des limites spatiales, il suffit de rappeler un mécanisme rhétorique, typique des films américains. Le protagoniste du film a ses difficultés quotidiennes, toujours plus ou moins de même type : familiales, sentimentales, professionnelles, etc. Tout à coup, il découvre qu'il est atteint d'une grave maladie ou qu'une série de circonstances, peut-être fortuites, mettent sa vie en danger (bandits, mafia, services secrets, etc.). Alors se produit une transformation soudaine et radicale : les difficultés et les craintes précédentes s'atténuent, s'estompent, à moins qu'elles ne disparaissent complètement.

## Le bonheur est-il le contraire du malheur ?

Si nous nous déplaçons mentalement le long de l'échelle de malheur, nous nous aviserons d'une asymétrie, pour ainsi dire de nature psychologique. À une extrémité de l'échelle, nous avons idéalement placé les événements qui nous ont rendu le plus malheureux. À l'autre extrémité de cette même échelle, nous découvrons qu'il n'y a pas le bonheur mais l'absence de malheur. En d'autres termes : le bonheur n'est pas le contraire du malheur. Il s'agit là d'un aspect caractéristique de nos états mentaux.

Nous avons déjà mentionné le fait que bonheur, extase, béatitude, bien-être, appartiennent à des catégories différentes d'états mentaux. Mais, de plus, malheur et bonheur ne sont pas les opposés d'une même dimension. C'est ce que démontrent indirectement les nombreuses recherches dans lesquelles on a demandé à des personnes si elles étaient heureuses ou non. Il s'agit évidemment d'études qui ne peuvent pas nous apporter grand-chose, parce que nous ne savons absolument pas quelle est l'unité de mesure pour répondre à ce genre de questions. C'est-à-dire que nous ne savons pas si sous le même mot toutes les personnes mettent le même concept et si elles utilisent la même unité de mesure.

Pourtant, si l'on essaie de demander à des personnes : « Tu as l'impression que tout va bien ? » ou bien « Tu en as marre, tu t'ennuies, tu es malheureux ? », l'analyse statistique nous montre que les réponses sont contradictoires. Autrement dit, il n'est pas sûr que les mêmes personnes qui affirment que les choses vont bien, soient les mêmes qui nient que leur vie soit ennuyeuse, et vice versa.

L'absence de malheur ne coïncide pas avec une vie heureuse. Telle est la conclusion à laquelle parvient, à la fin de sa longue mais ennuyeuse vie, la fourmi, protagoniste de la version moderne de la fable classique. Toutefois, si on considère l'intensité des émotions de malaise et de bien-être, on découvre qu'elles sont liées, c'est-à-dire que celui qui dit éprouver un intense bonheur dit aussi éprouver un intense malheur. Ce sont les hauts et les bas de la vie de la cigale.

Les résultats des recherches fondées sur des questions de ce type ne nous permettent pas de comprendre grand-chose à la nature du bonheur, ni aux mécanismes cognitifs qui le règlent. Mais ils constituent une démonstration indirecte d'une thèse à laquelle nous avons déjà fait allusion : plus les situations symboliques que notre moi investit sont étendues, plus nous sommes vulnérables et plus agité est l'état d'âme qui en résulte. Nous sommes en effet obligés de nous exposer plus fréquemment aux gains et aux pertes. Mais étant donné que gains et pertes ne se compensent pas, le plaisir de gagner ne contrebalance pas la douleur de perdre.

## Le deuil comme phénomène cognitif

Si nous passons de l'espace au temps, nombreuses sont les recherches menées pour sonder ce que les psychologues appellent les effets du deuil : à savoir le mécanisme psychologique qui exige un certain temps pour qu'une perte soit acceptée et qu'un nouvel équilibre soit trouvé. Mais encore une fois, gains et pertes ne sont pas symétriques. Nous pouvons illustrer la fonction psychologique du deuil, en considérant non point des états mentaux, mais des territoires géographiques.

À la lumière de la psychologie cognitive, les politologues ont examiné des situations très douloureuses de pertes et de gains de territoires. Par exemple, Israël, en 1967 a « gagné » le Sinaï. À la suite de cette perte de guerre, l'Égypte a eu besoin de beaucoup de temps et de la guerre de 1973, pour accepter que le Sinaï devienne un objet de négociation. En effet, ce n'est que de nombreuses années plus tard que la presque totalité du Sinaï a été rendue à l'Égypte en échange d'une paix durable. Mais comment l'Égypte aurait-elle pu accepter d'échanger quelque chose, qui psychologiquement lui appartenait encore, même si elle l'avait définitivement perdue depuis 1967, à cause de la supériorité militaire israélienne ? Combien de temps son deuil devait-il durer ? Il est évident que si elle y avait moins investi, surtout sur le plan symbolique, elle aurait pu surmonter son deuil plus rapidement. Elle aurait pu élargir sa fenêtre temporelle et s'imaginer cinquante ans plus tard. Si elle avait réussi à voir les choses tout de suite comme nous les voyons aujourd'hui (seulement 25 ans après), aurait-il été plus avantageux d'accepter tout de suite la perte et de traiter avec Israël ou de ne s'en convaincre qu'après des conflits âpres et sanglants ?

Quittons les esprits collectifs, ceux des organisations et des États, pour revenir à nos esprits individuels. Nous avons fait allusion au fait que l'ampleur de notre fenêtre temporelle, celle où nous nous mettons pour regarder les événements du passé et du futur, est donnée par l'intervalle temporel que nous considérons. C'est donc une fenêtre temporelle que nous faisons glisser sur toute notre existence passée ou à venir (telle que nous l'imaginons) afin d'en évaluer les épisodes. Si cette fenêtre est très petite, elle se déplace en ne nous permettant de voir que des épisodes isolés, comme à travers une meurtrière. Si elle est grande, elle nous permet en plus d'observer les rapports entre plusieurs événements, dans la mesure où ils forment une suite qui tombe tout entière sous notre fenêtre alors panoramique.

Exerçons-nous avec une épreuve simple, comme toujours facile à répéter avec des amis ou des connaissances. Il suffit de leur donner les instructions suivantes.

> ***Instructions*** : Ci-dessous sont décrites deux paires d'événements. Il faut imaginer qu'ils sont arrivés à deux personnes, Monsieur Rossi et Monsieur Bianchi. Imaginons que les deux situations sont identiques pour Rossi et pour Bianchi. Elles ne diffèrent que par l'intervalle de temps qui sépare les deux événements. Imaginons que l'intervalle entre les deux événements est de deux semaines dans le cas de Monsieur Bianchi. Dans le cas de Monsieur Rossi, les deux événements se produisent en même temps.
>
> Dans les deux cas, Rossi et Bianchi sont deux personnes qu'il faut imaginer identiques à tous points de vue. Il faut seulement considérer que les deux événements décrits arrivent en même temps à Rossi, tandis que pour Bianchi, l'événement b arrive deux semaines après l'événement a.
>
> *Situation 1*. Événements :
>
> a) gagner cinquante mille lires à la loterie
>
> b) gagner cent mille lires à la loterie

On a posé à 65 personnes la question : « qui est plus heureux ? » 25% d'entre elles ont répondu « Rossi » (les événements se produisent en même temps), 63% ont répondu « Bianchi » (les événements se produisent à deux semaines d'intervalle), 12% ont répondu qu'il n'y avait pas de différence.

*Situation 2*. Événements :

a) recevoir une amende de cinquante mille lires

b) recevoir une amende de cent mille lires

On a posé à 65 personnes la question : qui est plus malheureux ? 57% d'entre elles ont répondu « Rossi » (les événements se produisent en même temps), 34% ont répondu « Bianchi » (les événements se produisent à deux semaines d'intervalle), 9% ont répondu qu'il n'y avait pas de différence.

Dans la situation 1, si Bianchi semble plus heureux que Rossi, c'est parce que deux événements agréables lui arrivent à deux semaines d'intervalle. Si entre les deux événements, il ne s'écoule pas de temps, le second procure moins de plaisir que lorsque deux semaines sont passées : le plaisir du premier s'est alors estompé.

Morale : nous devons apprendre à ne pas être mentalement avides, c'est-à-dire que nous devons apprendre à savourer nos plaisirs. Les diluer dans le temps est une opération que nous pouvons réussir à accomplir mentalement. Nous devons tâcher de l'accomplir même dans les cas où beaucoup de choses que nous désirions nous sont arrivées en même temps (nous évitons ainsi de « nous monter la tête » et nous savourons peu à peu les événements porteurs de bonheur).

Quand nous avons affaire à des événements douloureux, comme dans la situation 2, c'est Rossi qui apparaît comme le plus malheureux. D'où le dicton populaire, qui est aussi une constatation : un malheur n'arrive jamais seul ! En réalité les malheurs arrivent toujours distribués dans le temps, mais nous nous rappelons plus douloureusement les cas où deux malheurs surviennent de façon rapprochée.

En termes plus généraux, les résultats précédents démontrent l'effet bénéfique d'une perspective établie sur une fenêtre temporelle ample. Le temps qui passe augmente le plaisir et atténue la douleur. Nous parvenons en effet à amortir l'impact négatif du premier événement et nous pouvons davantage tolérer le second. Pour cela le deuil nécessite du temps (mais tâchons toutefois de ne pas nous y abandonner !). Ainsi l'Égypte a réussi à faire son deuil de la perte du Sinaï (survenue en 1967) en se persuadant, tout comme le monde arabe, qu'elle avait gagné la guerre de 1973, dont en toute objectivité elle s'était très mal sortie. Mais cette conviction a été très sage, car elle a créé les conditions pour une paix durable avec Israël, signée à Camp David. Dans le cas de deux malheurs, comme dans celui de deux bonheurs, leur somme lorsqu'ils sont espacés est supérieure à leur somme lorsqu'ils sont concomitants, même si la somme objective est évidemment la même. Il est donc sage de savourer son bonheur.

## Bonheur et niveau d'aspiration

Nous verrons mieux, plus loin, combien le bonheur a peu à voir avec le concept de maximisation de l'utilité, auquel les économistes contemporains nous ont habitués (la fourmi, qui maximise l'utilité, n'a pas pour autant mené une vie heureuse !). Leur enseignement est simple : quand nous avons à décider de ce que nous devons faire dans la vie, et que nous sommes face à au moins deux options (sans quoi nous n'aurions rien à décider), nous devons choisir celle qui nous rendra le plus heureux. Cela semble évident. Il est déjà moins évident de penser que l'option qui nous rendra le plus heureux est celle qui nous apportera une plus grande quantité d'utilités, si par utilité on entend « ce qui fait plaisir ». Ce principe peut paraître intuitif ; il le paraît parce qu'une vision économiste a imprégné nos mentalités. Mais essayons de considérer certaines conséquences empiriques de cette thèse générale.

Une première conséquence est l'*escompte temporel*, qui met en rapport la valeur absolue d'un bien avec l'écoulement du temps. L'exemple le plus simple, et le plus intuitif, est celui de l'épargne : si nous prêtons de l'argent à quelqu'un (une banque, l'État ou autres) avec l'engagement qu'il nous sera rendu après un certain laps de temps, nous attendons de recevoir en retour d'autant plus d'argent que plus de temps aura passé. En effet, nous nous attendons à encaisser — outre la perte progressive de la valeur initiale, c'est-à-dire l'inflation –un certain intérêt. Cet intérêt nous « compense » du fait que nous n'avons pas pu utiliser notre argent.

Jusqu'ici tout semble évident. Mais si les choses étaient *toujours* ainsi, nous devrions, dans les cas où la jouissance d'un ou de plusieurs biens pourrait être différée à volonté, préférer pouvoir en bénéficier le plus tôt possible. En outre, si nous pouvions distribuer dans le futur une série d'événements agréables et désagréables, nous devrions anticiper les événements agréables et différer les autres.

Considérons notre existence tout entière. Il est évident que la somme du bien et du mal, des succès et des échecs, du bien-être et du mal-être, des plaisirs et des déplaisirs, constitue une quantité fixe. Or, pour une égale quantité de bonheur et de malheur, qui caractérise dans son ensemble le cours de notre vie, nous devrions préférer un niveau de vie déclinant, par exemple une santé parfaite suivie petit à petit d'un tas d'ennuis. Ou un grand succès de jeunesse suivi par un déclin progressif. Or, c'est tout le contraire qui se produit.

Tout le monde a pu expérimenter qu'un événement — par exemple un rendez-vous avec une personne, dont nous pensons qu'il nous rendra heureux — nous donne plus de plaisir si un certain temps s'écoule avant qu'il ne se produise. Nous pouvons ainsi savourer la situation future, incertaine mais probablement agréable. Disons que le fait de goûter par avance est dû à l'incertitude du futur, aux contours agréables mais flous, et donc à l'exercice de notre fantaisie. Considérons en revanche un événement futur qui nous soit parfaitement connu, car expérimenté et répétable. Par exemple, j'ai l'habitude à Paris, d'aller le plus souvent dans l'un de deux restaurants, bien connus aussi des personnes que je fréquente. Si vous avez des amis ou des connaissances qui vous accompagnent dans des restaurants connus, et de qualité perçue comme différente, vous pouvez essayer de répéter avec eux cette épreuve toute simple.

CHOIX DU RESTAURANT :

(1) Préfères-tu que je t'offre un dîner au restaurant chinois local ou chez Maxim's ?

Quand on pose cette question, on peut dire que dans 80% des cas, c'est Maxim's qui est choisi.

Mais essayez de poser les questions suivantes à ceux qui préfèrent Maxim's, plus attrayant :

(2) Que préfères-tu ?

a) dîner chez Maxim's dans un mois

b) dîner chez Maxim's dans deux mois

(3) Que préfères-tu ?

c) dîner chez Maxim's dans un mois et au restaurant chinois dans deux mois

d) dîner au restaurant chinois dans un mois et chez Maxim's dans deux mois

La plupart du temps, vous constaterez que les gens préfèrent la réponse *a* à la réponse *b,* et la réponse *d* à la réponse *c.*

Dans une séquence d'événements composée de « bon + excellent », l'ordre n'est pas indifférent. On tend, en effet, à préférer l'ordre « d'abord le bon, puis l'excellent », à l'ordre inverse. En d'autres termes, d'un point de vue psychologique, on préfère une séquence « crescendo » à une séquence « diminuendo ». Il peut sembler qu'il s'agisse là d'une conclusion banale de plus, mais notez qu'elle contraste avec le principe des économistes, à savoir cet « escompte temporel » qui nous avait semblé tout aussi intuitif.

De nos jours, l'escompte temporel se présente comme un mécanisme évident et raisonnable. Je dis « de nos jours », parce qu'à l'origine, lorsque, avec la naissance des opérations commerciales, des marchands du Moyen Âge se sont posé, pour la première fois, ce problème de façon systématique, la réponse ne paraissait pas aussi évidente. On ne comprenait pas en effet comment le simple écoulement du temps, sans que rien ne soit fait, pouvait augmenter la valeur d'un prêt. Au terme d'un long et âpre débat, saint Thomas d'Aquin parmi les théologiens, Sinibaldo Fieschi et Giovanni d'Andrea parmi les canonistes, refusèrent ce que nous appelons l'escompte temporel et qu'ils définissaient comme la « production d'intérêts par l'argent ».

C'est une expérience commune que différer un plaisir est rarement un sacrifice et que c'est souvent un plaisir (pensons par exemple à un rendez-vous galant). Les savants médiévaux ne comprenaient donc pas comment un plaisir différé devait être encore compensé par un intérêt cumulé dans le temps. Celui qui, comme Pietro di Giovanni Olivi, s'opposait à cette opinion dominante, était contraint de justifier l'intérêt par un dommage subit : le créditeur subissait un dommage puisqu'il ne pouvait pas utiliser la somme prêtée alors que son débiteur en tirait avantage. D'ailleurs, l'opinion médiévale courante concevait la vie bonne et heureuse comme une séquence en crescendo : à la fin on allait au Paradis et on y atteignait le bonheur suprême. Le paradis sur terre, et tout de suite, était non seulement une absurdité mais un blasphème. Le système de croyances de St Thomas indique qu'il préfère la séquence « désagréable puis agréable » à la séquence contraire. Conformément à sa thèse, il refusait aussi le concept d'escompte temporel et donc la production d'argent par l'argent.

Des siècles plus tard, cette façon de penser deviendra graduellement plus incertaine, bien que Bacon ait prétendu qu'engendrer l'argent par l'argent était contre nature et que Luther ait confirmé que l'argent était chose stérile. Contre ces interdits, le juif Shylock du *Marchand de Venise,* rappelle la procréation des agneaux par les brebis, décrite dans le livre de la *Genèse*, et il la compare à la génération d'intérêts par l'argent.

Dans les argumentations médiévales, les aspects moralistes et cognitifs sont étroitement imbriqués. Aujourd'hui, le problème semble épuré des premiers et limité aux seconds. Même si, à vrai dire, il reste des traces du passé. Il suffit pour s'en convaincre, de relire *La théorie de la classe aisée* de Thorstein Veblen, un classique de la sociologie de la fin du siècle dernier, où la vie « non active » du *rentier* [1] est opposée à celle de qui ne vit pas oisivement des intérêts produits par l'argent.

L'analyse cognitive et non moraliste est maintenant suffisante pour confirmer la sagesse contenue dans le proverbe « d'abord le devoir, ensuite le plaisir ». En effet nous tendons à évaluer le plaisir que nous donne une séquence d'événements en prenant la phase finale de la séquence pour point de repère. Le bonheur n'est pas en rapport avec la quantité totale de plaisir (le stock de plaisir, dans le langage des économistes). Le bonheur total est influencé par le flux, et il est influencé de façon positive par des augmentations progressives.

La démonstration empirique de ces idées réside dans le fait qu'une expérience dans son ensemble désagréable (comme une longue queue au péage de l'autoroute ou à l'aéroport) mais qui est allée en s'améliorant (queue très lente dans la première demi-heure, moins lente le quart d'heure suivant, et encore moins pendant les vingt dernières minutes), est évoquée comme une expérience malheureuse. Mais elle perçue comme moins désagréable qu'une situation qui empire peu à peu (ralentissement pendant une demi-heure, queue assez lente pendant un quart d'heure et très lente pendant le dernier quart d'heure). Dans le deuxième cas, bien que le temps total perdu à faire la queue soit moindre, nous gardons un souvenir bien plus désagréable.

Le principe général qui régit le désagrément provoqué par le type de séquences que nous venons d'évoquer peut paraître paradoxal. En effet, la situation que l'on se rappelle comme la moins malheureuse est celle dans laquelle les maux s'atténuent avec le temps et non pas celle, où la somme des maux est pourtant inférieure, mais où la séquence ne va pas decrescendo.

De ces épreuves et de ces réflexions toutes simples découlent les prescriptions suivantes :

> *Première règle* : dans une suite d'événements, placer les événements négatifs avant les événements positifs.
>
> *Deuxième règle* : devant des événements négatifs et des événements positifs, les intégrer en une séquence unique de sorte que les seconds compensent les premiers.
>
> *Troisième règle* : savourer son plaisir en distinguant les événements heureux, même s'ils se sont produits simultanément.

1. En français dans le texte.

Et enfin, quatrième règle cruciale : toujours partir de ce que les psychologues nomment *un bas niveau d'aspiration.* C'est-à-dire affronter toute entreprise avec des attentes modestes, des objectifs minimaux, fractionnés mais considérés dans une globalité. Les espérances initiales, très modestes, rendront plus probable la satisfaction des premiers objectifs et possible une croissance graduelle du niveau d'aspiration.

## La mesure des gains et des pertes

Nous venons de voir que le concept d'escompte temporel s'applique parfaitement à la banque, pour laquelle il est évident. En revanche, il ne peut être étendu aux séquences d'événements unitaires, dans lesquelles il n'y aurait que des événements heureux ou malheureux. De plus, cette conception néglige deux types de bonheur : le bonheur qui dérive du fait de goûter par avance un fait agréable, et celui qui découle de l'accroissement du plaisir et non de sa quantité absolue.

Ces considérations se heurtent à l'impérialisme des économistes, qui s'efforcent d'appliquer leur conception de maximisation de l'utilité au-delà des frontières de leur discipline. Comme de nombreux anthropologues l'ont montré, notre monde civilisé se caractérise par une extension progressive des échanges économiques au détriment des échanges symboliques. Par exemple, Pierre Bourdieu, dans son livre *Raisons pratiques*, compare la culture des Kabyles à la nôtre. Les Kabyles utilisent un intervalle temporel de sorte que les échanges apparaissent comme des dons réciproques :

> Ainsi, l'échange de dons (ou de femmes, de services, etc.) conçu comme paradigme de l'économie des biens symboliques s'oppose au donnant-donnant de l'économie économique, en tant qu'il a pour principe non un sujet calculateur mais un agent socialement prédisposé à entrer, sans intention ni calcul, dans le jeu de l'échange. C'est à ce titre qu'il ignore ou dénie sa vérité objective d'échange économique. [...] Cette hypocrisie structurale s'impose particulièrement aux dominants, selon la formule « noblesse oblige ». Pour les Kabyles, l'économie économique, telle que nous la pratiquons est une économie de femmes. Les hommes sont tenus au point d'honneur, qui interdit toute concession à la logique de l'économie économique...

Dans notre culture, par un curieux renversement, le prototype du « dominant » paraît ressembler davantage à la femme kabyle. En effet, le « dominant » est souvent présenté comme un « dur » qui généralise à l'extrême le calcul de l'utilité.

Avec l'importance croissante du calcul monétaire, l'économie domestique, typique de la civilisation agricole et pastorale, subit une transformation progressive. Elle est désormais obligée d'accentuer sa logique spécifique, fondée sur le sentiment, en réagissant à la menace de plus en plus pressante de l'économie de marché. Dans la culture contemporaine, émergent ainsi deux sphères en opposition. L'une, très restreinte, accentue sa spécificité sentimentale. En dehors d'elle, il y a tout le reste, un univers beaucoup plus étendu, où le bonheur devient mesurable en termes de coûts et de bénéfices. L'extension de notre moi, dont nous parlions au début, se réalise donc en grande partie dans un espace mesurable en termes économiques. C'est ici que nous sommes le plus vulnérable : les pertes sont faciles à quantifier, et de plus on est constamment à les attendre.

Un exemple caractéristique de cette attitude est la tentative de mesurer le malheur en demandant à une personne quels ont été les événements les plus douloureux de son passé et en établissant un classement d'intensité, grâce à une échelle psychométrique. Cet exercice, typique de la culture américaine, met en première place la perte des personnes chères et en deuxième position, le divorce. Voici certaines rubriques du classement d'origine, relevé par T.H. Holmes et R.H. Rahe en 1967 :

| | |
|---|---|
| Mort du conjoint | 100 [2] |
| Divorce | 73 |
| Séparation | 65 |
| Prison | 63 |
| Mort d'un parent | 63 |
| Maladie grave | 53 |
| Problèmes sexuels | 40 |

Déjà, en seconde position, on peut être conduit quantifier les conséquences d'une perte affective en les traduisant en un dommage monétaire et par le dédommagement qui s'ensuit. Ce qui était le blasphème du juif Shylock (Shakespeare, *Le marchand de Venise*, II, VIII, 17-22) qui comparait deux choses tenues pour incomparables (la perte de sa fille et la perte de son argent), devient de nos jours une pratique quotidienne.

Le fait d'avoir radicalement séparé la sphère des affects les plus intimes de celle toujours plus envahissante du calcul économique rend très difficile de les réunir dans des circonstances comme le divorce. D'où une

2. En moyenne, la mort du conjoint recueille 100 sur l'échelle d'intensité, le divorce 73, etc.

sensation d'incohérence et d'absurde, exploitée dans de nombreux films. Par rapport à n'importe quelle tentative de quantification monétaire, pensons à la difficulté d'établir un juste dédommagement pour les années passées ensemble par un couple et à la signification de la modification qui résulte pour eux de leur séparation. Celle-ci est souvent déléguée à d'autres, avocats ou experts. On en est arrivé au point qu'aux États-Unis un débat sérieux a été tenu quant à la nature des violences subies lorsque s'opposent sphère économique et sphère affective. Dès lors qu'une personne est libre de refuser une proposition sans subir aucun dommage, on estime qu'elle n'est pas susceptible de subir de violences. D'où la conclusion paradoxale que le « milliardaire libertin » qui propose un échange sexe–argent à l'une de ses jeunes secrétaires, sans menacer son emploi, ne commet pas de violences.

Il est clair que cette extension du paradigme de l'échange économique est une caricature. Le bonheur et le malheur — par exemple pour chacun des membres d'un couple — peuvent difficilement être ramenés à une évaluation monétaire. Voilà pourquoi on est désormais enclin à séparer préalablement les deux domaines avec des contrats prénuptiaux qui prévoient les conséquences économiques de toute éventualité future. Un cas limite est celui de l'ex-femme du grand économiste Robert Lucas. Une clause de leur contrat de mariage prévoyait le partage d'éventuels prix Nobel. C'est ainsi que Rita Lucas, désormais divorcée depuis de nombreuses années, a encaissé en 1995 un demi-million de dollars. L'ironie veut que son mari ait été récompensé pour la théorie des « attentes rationnelles » et que bien des gens pensent qu'il sera le premier économiste à recevoir deux prix Nobel.

Le capitaine d'industrie Arnheim, dans *l'Homme sans qualités* de Robert Musil, est le prototype du réductionnisme économique. Mais ses propos, préfigurent la séparation radicale entre la sphère du désir et celle de la rationalité :

> C'est ainsi, donc, qu'aurait parlé Arnheim, parce qu'une voix profonde lui disait bien clairement que, comme on ne peut renoncer à la raison ni à la morale, de même on ne peut renoncer à l'argent. Cependant une autre voix, tout aussi profonde, lui disait tout aussi clairement que l'on peut se passer de la raison, de la morale et de toute existence rationalisée. Et justement, dans ses moments de vertige, cette voix-là était presque la plus puissante [...] Cela arrivait à Arnheim comme à tout son siècle. Il adore l'argent, l'ordre, la science, le calcul, la mesure et la pesée, c'est-à-dire en fin de compte l'esprit de l'argent et de ce qui se compte, et, en même temps il le déplore.

Une manifestation extrême de « *l'esprit de calcul* » de cette fin de siècle, est l'interprétation que donnent de la famille des chercheurs à la mode comme George Joseph Stigler et Gary Stanley Becker (prix Nobel d'économie). À leur avis, la famille peut être représentée comme un agent qui maximise sa propre utilité. Pour ce faire, elle a recours à la consommation, à savoir qu'elle achète des biens et des services qui produisent le bien-être quotidien, mais elle procède aussi à des investissements financiers et à une répartition des activités entre ses membres. Dans cette reformulation, l'utilité (c'est-à-dire le bonheur, selon la caricature de Stigler et Becker) est créée non seulement par les services produits grâce aux marchandises achetées sur le marché (manger, se vêtir, se divertir, etc.) mais aussi par l'emploi du temps, du capital humain, de l'espace, tous éléments nécessaires pour manipuler les marchandises et justement les transformer en biens.

Cette façon de ramener la famille, dernier noyau de résistance, à la coïncidence entre bonheur et maximisation de l'utilité, est une tentative que nous pourrions définir comme héroïque, dans son audace intellectuelle. Dès lors que nous sommes contaminés par le calcul et l'asymétrie économique des gains et des pertes, nous leur sommes totalement asservis. Et ainsi le mécanisme qui amorce la peur, entendue comme attente d'une possible diminution du bonheur, en est exacerbé. Si le calcul envahit tous les méandres de notre moi, nous sommes condamnés à désirer un bonheur croissant. Dans le cas contraire, pour Stigler et Becker, il s'agirait d'un capital qui ne fructifie pas. Les intérêts doivent être réinvestis et par conséquent la croissance est l'aboutissement auquel nous sommes contraints. Mais comme dans une spirale infernale, toute croissance crée l'attente d'une croissance ultérieure.

Il faut donc restreindre le champ de notre moi à peu d'objets ; s'ils sont symboliques et non matériels, cela n'en est que mieux. Il faut ne pas concevoir le temps comme un investissement qui produit de l'utilité et repousser la caricature du bonheur présentée par Stigler et Becker. Nous devons réunir psychologiquement les inévitables moments de malheur de sorte que notre vie aille ou puisse aller « en crescendo ». Nous devons rendre immanente l'idée traditionnelle de la Providence qui fournissait une interprétation du « bonheur attendu » : partir avec des attentes très modestes, sans nous appesantir en route.

# Chapitre 3 *Les causes du malheur*

Le motif apparent, le motif principal, était certes unique mais l'horrible événement était l'effet de toute une série de motifs qui avaient soufflé sur lui en moulinet (comme les seize vents de la rose des vents quand ils s'engouffrent en trombe dans une dépression cyclonique), et ils avaient fini par tordre sa raison, dans le tourbillon du délit.

Carlo Emilio Gadda,
*L'affreux pastis de la rue des merles.*

## Mondes virtuels et contrôle

Il y a des années, je donnai à lire à trente personnes la petite histoire suivante :

Monsieur Bianchi était le responsable d'un passage à niveau, le long d'une ligne de chemin de fer peu fréquentée, à une demi-heure du village où il habitait. Par prudence, il s'y rendait tous les jours une demi-heure avant le passage de l'unique train, de façon à être sûr de pouvoir fermer le passage à niveau à temps.

> Le jour de la catastrophe, Bianchi était même sorti de chez lui avec une heure et demie d'avance et, n'ayant rien à faire, il avait pris le chemin du passage à niveau, lorsqu'il rencontra l'un de ses très bons amis qui l'invita au bar ; comme il était en avance, Bianchi accepta, et repartit une demi-heure plus tard, selon son horaire habituel. À mi-chemin, Bianchi entendit un grondement et vit s'écrouler devant lui le pont de bois qu'empruntait la route. Les poutres de soutènement, trop vieilles — c'était la fatalité — venaient de céder. Bianchi fit tout son possible pour traverser à pied, mais il arriva au passage à niveau avec cinq minutes de retard. Un accident venait de se produire : une charrette et un paysan avaient été happés par le train.
>
> Comme on le dit toujours en ces occasions : « Si seulement... »
>
> Vous êtes prié de terminer cette phrase.

Les personnes interrogées devaient donc rédiger un commentaire en continuant la dernière phrase commençant par « si seulement... ». Nous avons l'habitude de nous exclamer en disant des « si seulement », des « il aurait suffi que... » et d'autres formules de ce genre, lorsqu'une histoire finit mal, souvent aussi lorsque, de justesse, elle finit bien, plus rarement quand elle finit bien sans qu'aucun risque n'ait été couru. Par cette expression, nous voulons souligner qu'il aurait suffi qu'un épisode précis de l'histoire soit différent, pour que le résultat négatif (ou positif, si l'histoire s'est bien finie) ait été évité.

L'épisode que l'on tient pour la cause principale est décrit après le « si seulement... » en des termes modifiés de sorte que le malheur ne se serait pas produit. Par exemple : « Si seulement Monsieur Bianchi n'était pas allé au bar et avait réussi à arriver à temps. »

Cette tâche est très facile à comprendre et à exécuter. Dans votre cas, comment avez-vous achevé l'histoire ? La majorité des trente personnes que j'ai interrogées a complété la phrase en écrivant quelque chose du genre « Si seulement il était arrivé cinq minutes avant ». Pourquoi ai-je estimé, en 1983, que ce type de réponse — que je crois intuitive même pour le lecteur d'aujourd'hui — était intéressant au point d'en faire une publication scientifique ? Parce qu'un an auparavant, Daniel Kahneman et Amos Tversky avaient utilisé l'histoire suivante :

> Monsieur Rossi a 47 ans. C'est un cadre supérieur de banque, au caractère posé, dont la femme, malade depuis plusieurs mois, est forcée de rester à la maison. Un jour, M. Rossi quitta son bureau à l'heure habituelle. Parfois il sortait plus tôt pour faire des achats, mais ce jour-là, ce n'était pas nécessaire.
>
> Il faisait exceptionnellement beau, de sorte que M. Rossi ne prit pas la même route que d'habitude avec sa voiture. Il prit la route panoramique, le long de la mer, pour jouir de la vue.

> L'accident se produisit au croisement. Quand il arriva à mi-chemin de la route panoramique, au carrefour principal, M. Rossi constata que les feux passaient de l'orange au rouge. Étant un conducteur prudent, il freina, même si en réalité il aurait eu le temps de franchir le carrefour. Mais il ne réussit pas à s'arrêter et se trouva au milieu du croisement quand déjà les feux étaient passés au rouge. C'est à ce moment qu'une camionnette surgit, qui entra en collision avec sa voiture. Monsieur Rossi fut tué. La camionnette — on le sut plus tard — était conduite par un garçon casse-cou, prenant souvent des risques inutiles, et d'ailleurs en retard dans ses livraisons. Comme cela arrive en pareil cas, la famille de Monsieur Rossi et ses amis commentèrent l'événement. Ils dirent souvent : « Si seulement... »
>
> Comment poursuivaient-ils leur commentaire ?

Ce que découvrirent les deux chercheurs, et ce qui les surprit, ce fut que la majorité des personnes ne terminait pas la phrase en modifiant les aspects temporels de l'histoire, pourtant nombreux : la sortie du bureau, les achats, le moment de l'accident, la coïncidence de l'arrivée de la camionnette, et ainsi de suite. La chose la plus simple à faire aurait été ne pas changer les faits, mais seulement la temporalité de l'un d'eux, en particulier le dernier, qui détermine l'accident. Au contraire, la plupart des personnes interrogées modifia l'unique fait présenté dans l'histoire comme « exceptionnel », c'est-à-dire le choix de prendre la route panoramique.

Kahneman et Tversky estimèrent pouvoir tirer de ce résultat une caractéristique générale et avoir identifié une stratégie de pensée importante. Ils l'appelèrent « heuristique de simulation » : « heuristique » parce qu'il s'agit d'une procédure approximative et non d'une règle précise analytiquement définissable, et « de simulation » parce qu'il s'agit d'une procédure utilisée pour simuler, c'est-à-dire pour s'inventer un autre monde. Un monde identique à celui de l'histoire, au détail crucial près que l'on pense être la cause de l'issue négative.

Kahneman et Tversky supposent que les personnes utilisent cette heuristique dans le but de concevoir un monde virtuel, différent de ce qui s'est produit effectivement. Pour comprendre quelle est la cause de l'accident dans le monde réel, nous devons imaginer un monde virtuel, dans lequel l'issue négative est absente parce que la cause est absente. Si nous considérons le monde « réel » et que nous l'analysons, nous découvrons que les causes possibles sont nombreuses, par exemple :

– la sortie à l'heure ;
– l'absence d'achats à faire ;
– le choix de la route panoramique ;

– la prudence habituelle et la décision de freiner au croisement ;
– le retard de la camionnette dans ses livraisons ;
– la collision avec la camionnette qui roulait rapidement.

Mais quelle est la cause la plus importante, celle qui a été déterminante, celle sans laquelle l'accident aurait été évité ? Kahneman et Tversky pensent nous avons recours à une procédure rationnelle, comme si nous étions tous des savants.

En premier lieu, nous isolons l'épisode de l'histoire qui apparaît exceptionnel par rapport à la norme. Dans ce cas, il s'agit du choix de Rossi qui, contrairement à ses habitudes, a décidé d'emprunter la route panoramique, à cause du temps exceptionnellement beau de ce jour là. Une fois cet épisode isolé, on l'élimine et on bâtit une nouvelle histoire. On imagine un monde « vraisemblable », qui ramène le monde « vrai » à la « normalité ». Dans un certain sens, le monde simulé est plus « vrai » que le monde réel, parce qu'on en a éliminé les aspects exceptionnels. Ce monde inventé correspond à celui auquel on s'attendrait en se fondant sur les habitudes de M. Rossi. Dans ce monde, la cause « exceptionnelle », le changement de parcours, « disparaît » et disparaît donc aussi « la conséquence exceptionnelle », à savoir la mort du protagoniste.

Cette stratégie, racontée ici pas à pas, s'effectue d'habitude de façon automatique, sans qu'on y réfléchisse. Nous ignorons que c'est là le critère à partir duquel nous désignons les causes de nos malheurs et de ceux d'autrui. Il s'agit d'une façon de penser automatique et spontanée. C'est le cas de quasiment tous les processus cognitifs de base : comme par exemple ceux, nombreux et compliqués, qui nous permettent en ce moment de lire ce texte et de comprendre ce qui est écrit. Nous n'avons aucune conscience de leur déroulement. Il ne faut donc pas s'étonner qu'il soit nécessaire de faire des expériences pour découvrir comment fonctionnent les stratégies inconscientes au moyen desquelles nous construisons des mondes virtuels.

Freud, prudemment, n'avait placé dans l'inconscient que les événements susceptibles, d'une façon ou d'une autre, d'être nocifs pour notre « moi », ou dont nous aurions honte, face à nous-mêmes et aux autres. La psychologie cognitive contemporaine a découvert que la vie mentale nous reste opaque, presque tout entière. Même les opérations apparemment les plus naturelles — comme voir, écouter, lire, écrire et faire les quatre opérations — sont le sommet d'un iceberg fait de mécanismes compliqués dont nous n'avons pas la moindre conscience. Leur origine n'est pas celle qu'a indiquée Freud, qui émet l'hypothèse que nous plaçons dans notre inconscient tout ce qui, d'une manière ou d'une autre, nous dérange. Nous savons maintenant que le cerveau fait beaucoup de choses sans que nous en soyons conscients, dans la mesure où il s'agit de processus automatiques. Ces automatismes libèrent le cerveau pour les opérations dont nous avons conscience. Ces dernières sont lentes et réfléchies, les autres sont rapides et inconscientes. Nous réalisons ainsi une « économie » cognitive qui permet d'ajouter aux opérations automatiques d'autres opérations qui se déroulent de façon consciente. Par exemple : conduire sa voiture et, en même temps, lire les panneaux de signalisation, ou bien penser à autre chose.

Cette économie, comme je m'efforcerai de le démontrer, se révèle parfois être un piège, précisément dans le sens que lui donne Freud : notre esprit produit, à notre insu, des raccourcis, des courts-circuits dont les conséquences nous empêchent d'être heureux.

## Les causes des malheurs : réelles ou mentales ?

Si l'heuristique de simulation fonctionnait comme Kahneman et Tversky le supposent, il serait relativement facile de déterminer les causes des événements passés, en particulier celles de nos malheurs et de nos souffrances. Il suffirait d'examiner les faits de façon scientifique et de procéder ainsi :

a) faire un classement de la normalité relative des causes possibles de ce qui n'a pas bien marché ;

b) sélectionner le maillon le plus exceptionnel de la chaîne et lui imputer la responsabilité de l'événement.

Naturellement, le maillon de la chaîne pourrait être l'un de nos actes mais ce pourrait être aussi bien un événement extérieur, s'étant produit de façon tout à fait imprévisible et en dehors de notre contrôle.

Si nous procédions toujours d'une façon aussi rationnelle, nous devrions, les uns et les autres, formuler des diagnostics très semblables. En effet, des personnes différentes ne pourraient indiquer des causes différentes que dans la mesure où elles évalueraient de façon différente la probabilité que les événements ont de se produire. Dans le cas de Rossi, le diagnostic serait évident : il est explicite que son choix de route est exceptionnel. D'où l'homogénéité des réponses données. Cette homogénéité est pourtant surprenante. Il semblerait en effet bien plus facile de se limiter à déplacer temporellement un épisode de l'histoire, de l'avancer ou de le retarder quelque peu. Il suffirait, par exemple, de modifier le moment de l'arrivée de l'auto ou de la camionnette au croisement. Au contraire, on préfère se livrer à un plus grand effort d'imagination et, après avoir évalué les probabilités relatives, modifier l'événement le plus exceptionnel, c'est-à-dire le plus improbable.

Si l'hypothèse de Kahneman et Tversky était fondée, nous devrions nous attendre à ce que dans l'histoire de Monsieur Bianchi et du passage à niveau, les personnes préfèrent changer l'événement le plus exceptionnel. Demandez donc à vos amis de mettre en ordre les événements de cette histoire, du plus exceptionnel au plus normal. Vous découvrirez facilement que l'événement jugé le plus improbable est l'affaissement des poutres de soutènement et l'effondrement du pont qui en résulte, et, en deuxième place, le fait que Bianchi ait rencontré un ami dans la rue. Or ce n'est pas du tout avec ces deux événements que l'on poursuit la phrase commençant par « si seulement... » : c'est au retard de Bianchi que l'on attribue en fait la cause de l'accident.

Si l'on essaie d'autres histoires, il apparaît que le facteur le plus important est le *contrôle*. En d'autres termes, les personnes s'identifient avec le protagoniste et, si l'histoire finit mal, elles décident de modifier l'événement exceptionnel qui aurait été le plus facilement modifiable par le protagoniste lui-même. Il s'agit de l'événement qui est le plus sous son contrôle, du fait qu'il est le fruit de sa décision personnelle et non la conséquence d'événements qui lui sont extérieurs.

Comment Kahneman et Tversky ne s'étaient-ils pas aperçus que c'est là, la stratégie la plus souvent adoptée ? C'est parce que dans leur histoire, l'événement le plus exceptionnel, c'est-à-dire la décision de prendre la route panoramique, était aussi — par le plus pur des hasards — celui qui était le plus sous le contrôle du protagoniste.

La morale de ces expériences est que lorsque les choses vont mal, nous tendons à en attribuer la faute à celui qui était « libre » de choisir autrement. Nous désignons ainsi comme causes les épisodes qui sont sous le contrôle du protagoniste et qui, s'ils avaient été modifiés, auraient évité l'issue finale. Et si nous demandons qui se sent le plus fautif des divers acteurs de l'histoire, qui est donc le plus malheureux face aux malheurs qui se sont produits, on nous dira que le plus malheureux est celui qui pouvait le plus facilement changer les choses mais ne l'a pas fait. C'est-à-dire qu'il avait plus que d'autres « le contrôle des événements ». Mais il n'a pas voulu, pu ou su s'en servir (peut-être inconsciemment, comme le

Monsieur Bianchi de l'histoire, qui est allé tranquillement au bar, sans se douter de ses malheurs futurs). Il en est de même pour Concetta, la fille du Guépard, dans le passage du roman du même nom, que nous avons cité. C'est seulement à la fin de sa vie, à cause d'un potin fortuit, qu'elle découvre que les choix qu'elle avait faits avaient été sous son contrôle et non sous celui des autres, ses parents en tête, contrairement à ce qu'elle avait toujours voulu croire. C'était elle, et personne d'autre, qui avait été la cause du malheur de toute sa vie.

Mais qui donc décide comment et quoi contrôler ? Ce n'est que sur la base de ce que, pompeusement, on pourrait appeler « une théorie implicite du libre arbitre » — c'est-à-dire, en d'autres termes, de ce que nous pensons être libres ou non de faire — que nous pouvons déterminer les causes d'un événement malheureux. Hélas, l'application de cette théorie implicite tend à se mêler à l'égocentrisme, dont nous traiterons plus loin, et à un autre mécanisme cognitif, la tendance à estimer que les événements sont sous notre contrôle, bien plus qu'ils ne le sont en réalité.

À cet égard, je veux vous raconter une autre expérience, comme d'habitude sous forme d'une épreuve que vous pouvez refaire avec vos amis.

> Nous invitons deux amis — imaginons qu'ils s'appellent Pierre et Paul — à jouer à « pile ou face » avec une pièce de monnaie. Chacun d'eux lance la pièce, d'abord Pierre, puis Paul. Nous leur disons : « Si deux fois de suite la pièce tombe sur le même côté, c'est-à-dire si vous obtenez tous les deux « pile » ou tous les deux « face », vous gagnerez mille lires. Si les deux lancers donnent des résultats différents, vous perdrez chacun 100 lires ».

Naturellement, s'il est répété plusieurs fois, le jeu est très avantageux pour Pierre et Paul et très coûteux pour nous.

Pierre lance le premier : pile. Paul lance le second : face.

Qui est responsable du fait que les deux amis n'ont pas gagné les mille lires ? Si la pièce lancée par Paul était tombée sur pile, qui aurait eu le mérite du gain ? Dans les deux cas, on tend à dire que faute et mérite reviennent à Paul, celui qui lance la pièce le second. En réalité, il n'y a pas de motif rationnel pour juger ainsi. On pourrait tout aussi bien dire que c'est le lancer de Pierre qui aurait dû tomber sur l'autre côté.

Nous sommes enclin à penser qu'une telle opinion peut s'expliquer simplement. Étant donné qu'on ne peut pas revenir en arrière, celui qui agit en dernier semble déterminer le résultat. Mais imaginons une modification de ce jeu : Pierre lance la pièce le premier, mais on n'indique pas le résultat de son lancer. Ensuite, Paul lance une autre pièce, et de nouveau on dissimule le résultat. On regarde alors de quel côté est retombée chaque pièce (supposons qu'on se soit arrangé pour qu'elles retombent dans un récipient dont le fond n'est visible qu'en s'approchant). De cette façon, on découvre en même temps si les pièces sont tombées ou non sur un même côté. Dans ce cas, l'asymétrie de responsabilité disparaît : l'échec ou la victoire ne sont ni la faute ni le mérite de Paul, mais ils sont partagés par les deux joueurs.

L'important n'est donc pas le moment où une personne a *accompli* une action, qui était sous son contrôle. L'important, c'est le moment où nous prenons connaissance des résultats de nos actions et de celles d'autrui. Nous pouvons attribuer à l'une de nos actions ou à une action d'autrui, la cause d'un malheur en fonction de deux évaluations :

a) dans quelle mesure cette personne ou nous-mêmes étions libres d'agir autrement ?

b) à quel moment nous sommes-nous rendu compte que c'était cette action particulière, que nous avions sous nôtre contrôle, qui était la cause du résultat négatif ?

Voilà bien une conclusion surprenante : les causes de nos malheurs ou de ceux d'autrui ne sont pas dans le monde, mais dans notre tête. Par conséquent, sentiments de culpabilité, remords, regrets et reproches réciproques sont produits dans les mondes virtuels de l'esprit (même si, ensuite, ils produisent des effets parfois désastreux dans le monde réel de la vie).

En résumé, deux processus peuvent être identifiés :

– nous avons tendance à privilégier, comme cause d'un résultat donné, les actions que nous jugeons être sous le contrôle de celui qui les a accomplies ; dans le cas de deux ou plusieurs actions, à ne pas remettre en cause ce qui s'est produit en premier et à considérer comme modifiable ce qui s'est produit en dernier ;
– mais en jugeant ce qui s'est ou ne s'est pas passé, nous prenons comme système de référence, non pas l'histoire du monde, c'est-à-dire les dates effectives où les actions ont eu lieu, mais l'histoire de notre esprit, c'est-à-dire le moment où nous avons pris connaissance de leur résultat.

## La confusion des signes et des causes : une expérience

C'est le moment de vous raconter une autre expérience. Il ne vous sera pas facile de la reproduire avec vos amis, à moins que vous n'ayez un complice, qui, comme vous le verrez bientôt, sache jouer la comédie et puisse tenir le rôle d'un chercheur.

Il y a une dizaine d'années, deux psychologues, G.A.Quattrone et A. Tversky, recrutèrent 38 étudiants de l'Université de Stanford, pour une expérience sur les « aspects psychologiques et médicaux de l'athlétisme ». L'expérience fut menée dans une pièce pleine d'appareils biomédicaux, afin de rendre crédible l'intérêt des chercheurs pour les problèmes cardio-vasculaires. Une expérimentatrice, en blouse blanche de laboratoire, indiqua aux étudiants que le but de l'étude était d'examiner les effets de changements rapides de température sur la fréquence cardiaque. Il s'agissait comprendre l'effet d'une douche froide après un exercice physique. On présenta également l'ensemble des instruments utilisés dans l'expérience : un réfrigérateur (c'est-à-dire une bassine pleine d'eau glacée), un cycle fixe (pour effectuer un exercice physique) et l'appareil pour mesurer la fréquence cardiaque.

On expliqua aux étudiants qu'ils seraient soumis à deux tests avec le réfrigérateur, chacun des tests étant suivi d'une mesure de leur rythme cardiaque. Entre les deux tests, ils auraient à pédaler pendant une minute. Le premier test fournirait une mesure des battements de leur cœur, après le changement de température dû à l'immersion dans l'eau glacée. Le deuxième test fournirait lui une mesure des battements du cœur après l'exercice physique. On s'assura alors que tous les étudiants avaient compris. Enfin, on leur expliqua que le test du réfrigérateur serait désagréable et on leur demanda leur consentement. Après qu'ils l'eurent donné, on commença le premier test du réfrigérateur.

Les étudiants devaient immerger mains et bras nus dans l'eau de la bassine, à une température de deux degrés. Toutes les cinq secondes, à la demande de l'expérimentatrice, ils devaient indiquer leur gêne par un nombre de 0 à 10. On leur avait expliqué que le 10 indiquait le point où le froid n'était plus supportable. Ce test fini, on leur indiquait combien de temps ils avaient gardé leurs mains dans l'eau. Puis on les soumettait à l'épreuve du cycle. Survenait alors une pause, au cours de laquelle les étudiants étaient divisés en deux groupes et entendaient un bref exposé sur le projet de recherche auquel ils collaboraient.

L'exposé traitait des points suivants :

a) le rapport entre la gêne subjective et le temps d'immersion dans l'eau ;

b) l'existence de fortes différences individuelles ;

c) l'hypothèse étudiée, à savoir que ce qui distinguerait les personnes du point de vue de leur tolérance à l'eau froide relèverait de leur type de cœur : il existerait deux types (appelés ici 1 et 2) de systèmes cardio-vasculaires. Les personnes ayant un système de type 1 auraient une espérance de vie plus longue que celles ayant un système de type 2.

À une moitié des étudiants, on a alors dit que des chercheurs avaient avancé l'hypothèse que les personnes ayant un cœur solide (de type 1) résistaient mieux aux basses températures. À l'autre moitié, séparée de la première, on a présenté l'hypothèse inverse : ce seraient les personnes ayant un cœur faible (de type 2) qui résisteraient le mieux aux basses températures. À l'une et l'autre moitié, on a précisé qu'une seule épreuve serait tout à fait insuffisante pour déterminer le type de cœur d'une personne, dans la mesure où, d'une épreuve à une autre, on pouvait constater d'importantes différences.

L'exposé terminé, une autre expérimentatrice est entrée en scène. Elle s'est présentée comme venant d'arriver, et ignorant donc tout de l'expérience. Elle a administré le second test avec le réfrigérateur.

Voici quels ont été les résultats. Les temps d'endurance relevés lors du second test ont augmenté pour le premier groupe et diminué pour le second. Les étudiants auxquels on avait dit que résister au froid était la preuve d'un cœur solide, ont tenu plus longtemps leurs mains dans l'eau froide dans le second test que dans le premier ; les autres ont fait le contraire.

Un entretien au terme de l'expérience révéla que les participants n'étaient pas conscients du changement des temps d'immersion. Tous, en revanche, avaient très bien compris que la résistance au froid n'était qu'un signe de la qualité de leur cœur, de la même façon qu'un thermomètre n'est rien d'autre qu'un indicateur de la température du corps. Il était donc clair que, de la même façon que le thermomètre ne cause pas de maladie, mais en mesure seulement les effets, la tolérance, faible ou forte, au froid ne rend pas le cœur plus ou moins résistant ni ne change l'espérance de vie.

Ces résultats montrent comment, face à des hypothèses (par nature incertaines), les personnes peuvent agir en confondant, sans s'en rendre compte, les signes et leurs causes. Les participants à l'expérience de Quattrone et Tversky savaient que c'est le type de cœur qui influençe la résistance au froid, et non le contraire (la résistance au froid qui influencerait la qualité du cœur). Ils savaient tous à l'évidence qu'une seule immersion de leurs mains dans l'eau ne pouvait pas modifier le type de leur cœur. Malgré tout, ces personnes se sont inconsciemment trompées elles-mêmes. Pour que la supercherie fonctionne, il avait fallu qu'elles prennent des signes pour des causes. Ce n'est que par une telle confusion que peut s'expliquer le fait que le temps d'immersion des mains dans l'eau ait été significativement différent (plus long ou plus court) lors du second test. Cette confusion permet en effet de se persuader que son propre cœur est solide et donc que son espérance de vie est plus longue.

De tels comportements révèlent une confusion cognitive entre signes et causes, dans un contexte où il est évident que le temps d'immersion ne peut qu'être un signe d'un bon système cardiaque. Pourtant, si nous « voulons » croire que nous avons un cœur solide, nous chercherons à nous le prouver, avant de le prouver aux autres. Nous parviendrons ainsi à nous convaincre qu'il est, *peut-être*, probable que ce que nous désirons soit vrai.

Transposons le tout dans le cadre de la construction du bonheur. Si nous parvenons à nous convaincre que le bonheur dépend, non pas des contextes de vie réels ni des événements qui se sont objectivement produits dans notre vie, mais d'une certaine façon de les décrire, de les interpréter et de les expliquer, alors la boucle est bouclée. Un certain style de lecture des choses détermine une vision optimiste qui, à son tour, est source de bonheur.

Cette opération de réinterprétation de notre existence est poussée à l'extrême dans des cas limite comme l'appartenance à une secte. La personne qui en est membre se convainc, ou plutôt est savamment induite à se persuader, qu'elle a appris une méthode pour développer tout le potentiel, habituellement non utilisé, de la *psyché* humaine. Elle est convaincue que les *signes* qui caractérisent les procédures d'initiation et les rites de la secte peuvent *causer* sa propre transformation. Si on se convainc que la résistance à la basse température modifie le cœur, imaginez donc de combien d'autres choses on peut se convaincre, pourvu que la théorie soit confuse et séduisante ! C'est pourquoi les théories « psychologiques » sur la nature humaine, élaborées par les sectes, doivent être difficiles à déchiffrer. Dans son livre *Les sectes*, Enzo Pace, spécialiste en la matière, décrit ainsi la méditation dans la secte Aum d'Asahara :

> dans la méditation, l'adepte se concentre sur sa propre énergie sexuelle, en imaginant qu'elle reflue du centre de son corps et qu'elle se transforme en puissance verbale.

La théorie, confuse, a de toute façon pour but de réaliser l'objectif, clair celui-là, de nombreuses sectes contemporaines :

> transformer un message religieux en une technique qui développe des potentialités enfouies dans l'individu, dans le but d'obtenir des effets bénéfiques immédiats sur la vie quotidienne de chacun.

Évidemment, la tendance à confondre signes et causes n'a pas pour finalité d'adhérer au rituel d'une secte ni de conférer un pouvoir absolu à son leader. Ce serait donner trop de crédit au pouvoir des sectes. Nous devons alors nous poser une question plus générale : pourquoi les notions de signe et de cause nous sont-elles si peu claires et sont donc si faciles à confondre ? Comment les utilisons-nous quand nous voulons expliquer notre malheur ?

## Échecs et estime de soi

Dans un monde simple et régulier, repérer les causes, en prenant comme système de référence notre pouvoir de contrôle, peut nous aider, en nous incitant à agir et à éviter une apathie fataliste. Comme l'a suggéré le grand sociologue allemand Max Weber, dans son ouvrage *L'éthique protestante et la naissance du capitalisme,* l'entrepreneur calviniste, qui se donne du mal sur terre, estime que le succès remporté grâce à son activisme est le signe qu'il sera récompensé dans l'au-delà. Si notre destin était déjà fixé indépendamment de nos actions sur terre, il serait inutile de se donner du mal. Il est indubitable que le fait de s'attribuer à soi-même, et non au monde extérieur ou à la Providence, le déroulement des événements de sa vie, constitue une puissante incitation à l'action et à la modification du monde. Nous pensons plus facilement pouvoir changer les choses dès lors que nous en contrôlons le déroulement. L'illusion de ce contrôle engendre l'illusion du contrôle de soi : de même que nous contrôlons les événements externes, nous réussissons aussi à contrôler nos états d'âme. Si cette tendance peut être exploitée de façon pathologique dans les théories naïves de la psyché répandues par les sectes, ce n'est pas pour autant que cette illusion est en soi négative. Demandons-nous pourtant si ces mécanismes cognitifs, à ce point ancrés en nous, ont, dans le monde contemporain comparé aux temps antiques, des retombées aussi bénéfiques sur notre tranquillité d'âme et notre bonheur intérieur.

Le caractère instable et variable de notre existence nous contraint à élargir le champ des choses que nous pensons contrôler. Nous finissons ainsi par nous attribuer des responsabilités pour tout ce qui ne va pas bien, très au-delà de ce qu'une analyse rationnelle requiert. Et ainsi, l'estime que nous avons de nous-mêmes finit par s'en ressentir. Comment pourrait-il d'ailleurs ne pas en être ainsi, si nous pensons que c'est de nous que dépendent tant de choses et que nombre d'entre elles ne vont pas très bien ? Quand les choses vont mal, nous tendons à interpréter nos actions comme des causes et non comme des signes de notre échec (déterminé en réalité par des facteurs externes). De cette manière, le piège du malheur est déjà tout prêt à se déclencher.

Procédons à un examen de nous-mêmes à partir de la liste des symptômes suivants.

**SYMPTÔMES DE MANQUE DE CONFIANCE EN SOI**

***Pensées***

Je ne peux pas y arriver
C'est trop difficile
Je ne sais pas comment faire
Je ne suis pas assez compétent
Un autre peut réussir
Je ne sais pas me décider sur ce que je dois faire
Ce qui est fait est fait : inutile d'y revenir
C'est de ma faute : je n'aurais pas dû...
Si seulement je n'avais pas agi ainsi...
Il aurait suffi que je....

***Sentiments***

Soucis
Anticipation d'anxiété
Peur du futur
Frustration et colère envers soi-même
Ressentiment : c'est facile pour les autres
Envie : pourquoi est-il aussi fort ?
Jalousie : il (elle) échappera à mon contrôle
Découragement, abattement
Regrets pour ses actions
Sentiment de culpabilité et de frustration

***Comportements***

Plus passifs qu'actifs

Se tenir à l'« arrière-plan »
Ne pas intervenir, ne pas apporter de suggestions
Éviter les changements et les nouvelles aventures
Déléguer à autrui nos décisions
Chercher de l'aide même quand nous connaissons la réponse
Hésiter et avoir besoin d'encouragements
Demander continuellement à être rassuré
Ne pas regarder les gens dans les yeux
Se sentir facilement tendus et nerveux
Être paresseux, léthargique ou apathique
Renoncer dès les premiers échecs

Si vous pensez présenter certains de ces symptômes, il est bon que vous fassiez un autre examen.

Essayez de vous demander, en vous rappelant des épisodes que vous pensez avoir été vos malheurs les plus marquants ou ceux qui vous ont le plus perturbé, s'ils ont suscité une mésestime de vous, plus ou moins permanente. Pour faire ce diagnostic, vous devez vous poser des questions comme celles qui suivent :

- est-ce que cet épisode qui m'a donné tant de soucis était réellement sous mon contrôle ? Pouvais-je vraiment faire quelque chose pour l'éviter ?
- est-ce que je ne me serais pas étiqueté comme « incapable » seulement sur la base de quelques épisodes isolés ?
- est-ce que cette « étiquette », entendue comme l'une de mes caractéristiques permanentes, est correcte ?
- est-ce que je ne me sers pas de cette étiquette comme d'un alibi et d'une excuse ?

Très souvent, le malheur est dû à un manque de confiance en soi. Ce manque de confiance ne résulte pas d'un bilan objectif, mais de la surévaluation des épisodes négatifs auxquels on n'a pu faire face. D'ailleurs, si nous commençons à nous demander si nous sommes ineptes, incapables ou ratés, il est naturel que nous allions à la recherche précisément des épisodes dans lesquels nous nous sommes révélés tels. Et évidemment, nous en découvrirons de nombreux. Cette découverte, et l'inévitable pessimisme qui en découle, sont le résultat d'une stratégie cognitive très forte : la recherche de cas positifs.

Essayez de refaire avec un ami cette épreuve simple, qui a été inventée, il y a plus de trente ans, par un grand psychologue du raisonnement, l'Anglais Peter Wason. Il vous faut un ami, amateur de jeux et qui collabore. Prenez une feuille de papier et écrivez cette série de trois nombres : **2 4 6.**

Puis dites-lui :

Tu dois trouver la règle selon laquelle a été construit ce triplet de nombres. Pour le faire, tu peux me donner d'autres exemples de triplets et pour chaque exemple, je te dirai s'il suit ou pas la règle sur laquelle j'ai bâti la série initiale.

Si votre ami n'a pas confiance en vous, vous pouvez tout de suite inscrire cette règle sur une feuille de papier que vous repliez et posez sur la table. Entre nous, il faut que je vous dise la règle que vous avez écrite : « trois nombres croissants ».

Que fera votre ami ? Probablement se comportera-t-il comme la plupart des milliers de personnes auxquelles on a proposé ce problème. L'exemple initial est 2-4-6, c'est-à-dire une série que l'on peut ainsi décrire : « trois nombres pairs qui augmentent de deux ». Il cherchera donc à contrôler l'hypothèse : « nombres pairs qui augmentent de deux ». Et pour le faire, il vous présentera d'autres exemples, analogues au premier. Mettons : 8-10-12 ; 22-24-26 ; et ainsi de suite. Pour chacun de ces exemples, vous lui direz que « oui, il s'agit d'exemples de la règle établie au début ». Après quelques exemples positifs, — leur nombre varie en fonction de la confiance que votre ami a ou n'a pas en lui-même — c'est-à-dire des exemples qui démontrent que son hypothèse (« trois nombres pairs qui augmentent de deux ») fonctionne, votre ami se convaincra que son hypothèse est la bonne. Convaincu, il la formulera : « trois nombres pairs qui augmentent de deux ». Mais il s'entendra dire que ce n'est pas la règle correcte. En réalité, la règle est celle que vous avez écrite au début sur le papier : « trois nombres croissants ». Devant votre dénégation, il restera interdit. Il réessaiera avec d'autres exemples, souvent très alambiqués. Mais il ne réussira à trouver la règle « correcte » que s'il est très tenace, sinon il renoncera. Si vous ne me croyez pas, essayez.

Pourquoi est-ce si laborieux ? Parce que nous allons presque tous, spontanément à la recherche d'exemples positifs, pour confirmer nos hypothèses. C'est-à-dire que nous ne cherchons pas à mettre en défaut notre hypothèse initiale par des exemples négatifs. Ce serait une façon rationnelle d'affronter le problème en question et beaucoup d'autres problèmes de la vie : toujours adopter une pensée critique, qui mette à l'épreuve nos hypothèses sur le monde et nous-mêmes.

Remettons-nous donc à la place de votre ami, que nous allons maintenant imaginer plus avisé et plus critique. Étant donné que l'exemple initial est 2-4-6, votre ami aurait pu contrôler l'importance que les trois nombres soient pairs et proposer comme exemple 3-5-7. Il aurait ainsi découvert que les nombres impairs allaient aussi bien que les pairs. Il aurait pu ensuite contrôler s'il était important qu'ils augmentent de deux, en proposant par exemple 3-11-23. Étant donné que vous lui auriez dit que c'était aussi un exemple de la règle à trouver, il se serait rendu compte que la seule propriété, commune à tous les exemples proposés et déclarés bons, était que : « les nombres sont croissants ». Il aurait alors contrôlé si l'hypothèse « trois nombres croissants » était la bonne en présentant un autre exemple négatif, comme 23-11-3. Vous lui auriez alors dit : « Non ; 23-11-3 n'est pas un exemple de la règle à trouver ». Il serait ainsi devenu évident pour lui que les nombres devaient être croissants.

En procédant ainsi, on a identifié la règle exacte, en seulement trois essais, en plus de l'exemple initial.

Voilà bien une démonstration admirable de l'efficacité du contrôle de nos hypothèses. On se pose la question « que se passerait-il si j'avais tort ? », plutôt que de se dire « étant donné que j'ai raison, je pense que les choses doivent se passer ainsi ». La première façon de procéder est ce que les spécialistes appellent une stratégie de contrôle « par falsification », la seconde « par vérification ».

Pourquoi est-il très difficile de se comporter de la sorte, d'agir sans préjugés, de se défaire de l'inertie des apparences et d'adopter une pensée critique ? Le motif est le même que celui qui fait que, lorsqu'une personne commence à se demander si sa vie est un fiasco, et qu'elle se met à évoquer son passé, il y découvre une série infinie d'échecs. Elle se convainc qu'elle n'est, plus ou moins, qu'un « raté », dévalue l'image qu'elle a d'elle-même et tend à s'étiqueter comme incapable. À ce moment-là, tous les épisodes de sa vie, présente et future, qui semblent lui donner raison, renforceront sa conviction et la confirmeront dans son diagnostic. En revanche, tous les épisodes qui lui donneraient tort ne sont pas pris en considération : il ne saurait en être question. Il s'agit de ses échecs et pas d'autre chose. Son problème, son souci, son idée fixe, est de savoir si elle est un raté, et tout semble confirmer ce diagnostic impitoyable ainsi que l'étiquette qu'elle s'est collée elle-même.

Mais procédons avec plus de pondération, cherchons aussi les cas qui prendraient en défaut notre hypothèse et l'étiquetage que nous nous sommes donné. Si nous gardons notre calme, nous constaterons que nous réussissons beaucoup de choses. Ce peuvent être des activités peu considérées dans la hiérarchie des valeurs du monde contemporain, des dons mineurs ou des aptitudes apparemment banales. Mais ces choses, nous savons bien les faire et elles nous amusent. Essayons alors de nous concentrer sur elles : nous découvrirons qu'elles ne sont pas seulement l'effet d'un don inné, mais aussi d'une pratique, d'un exercice continuel qui ne nous a pas coûté, car lorsque nous le faisions nous nous sentions heureux.

Nous devons donc réévaluer ces activités dans le bilan de notre existence. Cette réévaluation une fois faite, nous pouvons aller de l'avant. Commençons calmement à essayer de faire également les choses que nous ne réussissons pas et à tenir compte aussi bien des échecs que des succès. Nous constaterons que le rapport entre les premiers et les seconds, change avec le temps. Petit à petit, patiemment, nous changerons l'image que nous avons de nous-mêmes, amorçant ainsi un cercle vertueux d'estime de soi.

Nous aurons également une autre surprise : nous nous apercevrons que l'image que les autres ont de nous est le reflet de l'image que nous avons de nous-même. Si nous nous convainquons que nous sommes forts et capables, nous réussirons à le manifester et à montrer aux autres qu'il en est ainsi. Nos collaborateurs et nos connaissances, par le même mécanisme qui faisait que nous étions persuadés d'être des incapables (c'est-à-dire la focalisation sur nos aspects négatifs), modifieront graduellement l'image qu'ils avaient de nous. En effet, eux aussi ont du mal à établir un bilan complet et méticuleux, fondé sur le rapport entre nos succès et nos échecs. Quand ils seront convaincus que nous sommes une personne qui réussit, ils nous donneront cette étiquette et ne noteront que les cas qui confirment cette hypothèse. Ni plus ni moins que dans le cas de la série des trois nombres.

## Confiance en soi et bonheur

Si nous n'arrivons pas à nous livrer à une activité mentale compliquée, comme celle qui vient d'être décrite, si elle nous semble un peu fantaisiste (mais, je vous l'assure, il n'en est rien), alors essayons une autre stratégie, fondée davantage sur la pratique que sur la théorie. Il s'agit de construire, petit à petit, la confiance en vous-mêmes. Les points cruciaux de cette stratégie sont les suivants :

1. *Exercice*

   La première fois que vous essaierez de faire quelque chose, vous ferez de nombreuses erreurs. N'y prêtez pas attention et insistez :

peu à peu vous en ferez moins. Il suffit de ne pas vous décourager immédiatement.

2. *Faire « comme si »*

   Demandez-vous comment vous vous comporteriez si vous étiez convaincu d'être fort et compétent et essayez de vous comporter de cette manière. Vous vous rendrez compte que, bien des fois, cette technique fonctionne : être capable coïncide, plus que vous ne le pensez, avec le fait de se comporter comme si vous l'étiez (c'est une technique qui doit cependant s'accompagner d'un peu de prudence).

3. *Souplesse et faculté d'adaptation*

   Si vous évoluez au milieu des autres et que vous vous persuadez que vous êtes fort et compétent, bien que vous ne le soyez pas, vous risquez d'exagérer et de devenir socialement intolérable. Efforcez-vous de moduler votre comportement sur la base des signaux que vous renvoient les autres : quand ce sont des signaux d'approbation, insistez ; s'ils sont négatifs, cessez. Les personnes qui n'ont pas confiance en elles-mêmes sont souvent raides et poursuivent leurs objectifs de façon peu souple. Soyez ferme quant à votre objectif final, mais modulez les voies pour y parvenir, en acceptant même beaucoup de méandres.

4. *Bilan « erreurs – succès »*

   Il est inévitable qu'au début vous commettrez plus d'erreurs que vous ne saurez bien vous y prendre. Utilisez donc une mesure différente : au début, ne faites pas trop attention à vos erreurs. Petit à petit, vous les prendrez de plus en plus en considération. L'importance et le poids d'une erreur sont inversement proportionnels à la quantité de votre entraînement. Ce n'est qu'à la fin qu'il faut que vous prêtiez de plus en plus attention à vos erreurs ; précisément quand vous êtes en train de vous convaincre que vous êtes capable !

5. *Technique de l'ange gardien*

   Imaginez que vous soyez l'un de vos proches, qui doit vous guider dans ce monde idéal où ne se font que les quelques choses que vous savez vraiment bien faire. Comment serait ce monde ? Que dirait, de vous, votre ange gardien aux autres ? Comment vous présenterait-il pour donner une bonne image de vous ? Insistez, vous aussi, sur ces aspects et mettez-vous en valeur à vos propres yeux.

6. *Amour propre et égards envers soi-même*

   Il faut être indulgent envers soi-même et se féliciter de ses propres succès. Or, le plus souvent, nous sommes nos juges les plus implacables. En nous jugeant, nous sommes les victimes inconscientes de modèles inaccessibles, produits par le monde du journalisme (presse, télévision, etc.) où seul ce qui est exceptionnel est remarqué et fait sensation. Mais faites une moyenne réaliste des dons, des capacités et des succès de vos amis et de vos connaissances, des personnes qui réellement vous entourent. Sur la base d'un rapport objectif « succès/échecs », vous découvrirez facilement que vous n'êtes pas si mal que cela. En conséquence, vous vous apprécierez davantage et le fait d'améliorer l'image que vous avez de vous, produira le cercle vertueux dont nous parlions.

Ces six techniques peuvent vous paraître vaguement rassurantes. Mais déjà William James, en 1890, s'était rendu compte que ce ne sont pas tant les comportements effectifs qui comptent, mais plutôt les façons que l'on a de les étiqueter. C'est-à-dire que ce ne sont pas nos actions dans leur ensemble qui importent, mais notre habileté à sélectionner celles sur lesquelles fonder notre confiance en nous-mêmes, puis à les apprécier. Il s'agit de processus purement mentaux.

Si vous n'en êtes pas encore convaincu, je veux vous raconter une autre expérience, menée en 1989 par G.L.Wells et J. Gavanski. Les personnes comme toujours avaient à lire une histoire, fictive mais plausible.

> C'est l'histoire d'Anna, une secrétaire qui est invitée à dîner par son patron, dans un restaurant indien. Ce patron, débordant d'entrain, décide de choisir les plats, et de ménager ainsi une surprise à Anna. Il hésite d'abord entre deux, puis se décide pour un plat très épicé, au gingembre. Son patron ne le sait pas, mais Anna est fortement allergique au gingembre : même de petites quantités provoquent chez elle de fortes crises. Elle goûte au plat, s'évanouit et doit être hospitalisée d'urgence.

Cette histoire peut être racontée dans deux versions légèrement différentes. Dans une première version, on raconte que les deux plats entre lesquels le patron a d'abord hésité contiennent l'un et l'autre du gingembre. Dans une deuxième version, seul l'un d'entre eux en contient, celui que le patron choisit.

Les résultats sont les suivants. Les personnes qui lisent la deuxième version (dans laquelle seul le plat choisi contient du gingembre), concluent que le choix a été la cause du malaise d'Anna et donc que le patron se sentira malheureux et coupable. Ce jugement, en revanche, n'est presque jamais exprimé quand le gingembre est présent dans les deux plats d'abord retenus.

Réfléchissons. Les faits, présentés dans les deux versions de l'histoire, sont identiques. Les personnes, le patron et Anna, accomplissent les mêmes actions et les conséquences sont identiques : Anna fait une crise allergique et elle est hospitalisée. Dans un film des deux versions, rien ne changerait aux yeux du spectateur. En somme, du point de vue de ce qui se produit objectivement, c'est-à-dire de ce que pourrait rapporter un témoin oculaire, il n'y a pas de différence constatable. Qu'est-ce qui fait donc qu'il y ait néanmoins une différence ? C'est le fait que dans un cas le patron — qui pourtant ignorait tout de l'allergie d'Anna et donc est seulement un peu mal élevé et imprudent, mais pas coupable — avait, par le plus pur des hasards, retenu un plat sans gingembre. C'est ce qui lui est passé par la tête qui fait la différence. Il ne s'agit même pas, notez-le bien, d'un procès d'intention. Le patron d'Anna n'avait d'autre intention que de plaire à sa secrétaire.

Quelle est la morale ? De quoi dépendent les remords et déplaisirs, les sentiments de culpabilité et les malheurs qui en découlent ? Ils dépendent de ce que nous considérons possiblement réalisable, dans la mesure où cela est sous notre contrôle « mental ». Et notez bien qu'ici « contrôle » est un mot qui n'a pas seulement son sens ordinaire, comme « contrôle conscient ». Le patron ignorait les conséquences de ses pensées et de ses gestes. Pourtant, dans le premier cas, les contenus mentaux (il avait retenu deux plats au gingembre) rendaient inévitable qu'Anna mange du gingembre. Dans le second cas, (un seul des plats retenus contenait du gingembre), le malaise d'Anna aurait pu être évité, ce de façon totalement inconsciente et donc par le plus pur des hasards.

En conclusion, c'est notre évocation spontanée des contenus mentaux possibles, dans des mondes alternatifs au monde « réel », qui détermine déplaisirs et remords. Il arrive ainsi que nous ne parvenions pas à nous pardonner des choses dont les autres n'imaginent même pas que l'on puisse se sentir coupable. Pourquoi ? Parce que dans notre esprit, nous nous sommes convaincu que nous aurions pu penser de telle sorte que nous aurions été conduit à des actions différentes de celle que nous avons effectivement exécutée. Personne ne peut donc empêcher, *a posteriori,* que nous nous culpabilisions et nous infligions une punition. Une fois que nous nous sommes ainsi persuadé, l est très difficile de nous faire changer d'avis. En effet, nos contenus mentaux sont inaccessibles à autrui. Nous devons tout faire par nous-même, sans aide : démonter petit à petit ce dont nous nous sommes opiniâtrement convaincu et qui nous rend si malheureux.

## L'esprit d'escalier et les sentiments de culpabilité

C'est une donnée expérimentale bien établie que, lorsqu'un événement s'est produit, les personnes jugent, *a posteriori,* la probabilité qu'il avait de se produire bien plus forte qu'ils ne la jugeaient auparavant. Comme l'avait déjà noté l'historien Georges Florovsky :

> La tendance au déterminisme est en quelque sorte inhérente à la méthode rétrospective même. Après coup, nous percevons une séquence d'événements comme déterminée, selon un schéma préétabli qui se déroule avec régularité et une nécessité interne. De sorte que, à la fin, nous avons vraiment l'impression que les choses n'auraient pas pu se produire différemment.

Cette tendance, que psychologues et historiens ont beaucoup étudiée, se manifeste de différentes manières. Comme il arrive souvent, elle présente à la fois des aspects négatifs et des aspects positifs. Elle nous donne à penser que nous sommes les maîtres de notre destin et que nos actions d'aujourd'hui (où, comment, quand) ont été déterminées par nos choix d'hier. Cela, comme toujours, dans un monde simple et prévisible. Pourtant, dans un monde chaotique et instable, surévaluer *a posteriori* le déterminisme de nos actions a pour conséquence de nous culpabiliser et de susciter notre remords pour tout ce qui est allé de travers. Comment nous défendre contre cette tendance ? Demandons-nous quelle est l'origine cognitive de ce déterminisme exacerbé de « l'après coup ». Voici la façon dont nous avons l'habitude de nous représenter notre existence :

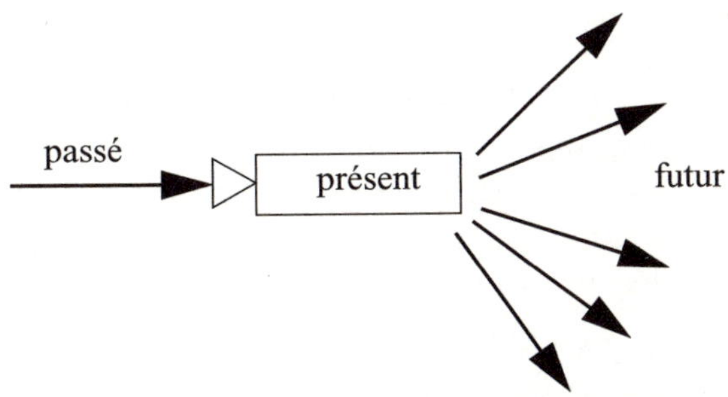


Le passé est une droite : elle ne contient que la séquence ordonnée dans le temps des différents événements déjà arrivés. Et voilà que, aujourd'hui, nous tendons à les structurer en rapport de causes à effets. Le présent quant à lui est plus riche et ouvre sur un futur fait de multiples possibilités. C'est à nous de choisir où aller, quelle route prendre. Cette description graphique du passé, du présent et du futur correspond donc assez bien à la représentation naïve qu'en ont les personnes.

Que se produit-il quand nous nous pensons responsable de quelque chose qui a déjà eu lieu ? En théorie, si nous agissions rationnellement, nous devrions isoler l'épisode qui nous rend malheureux et en rechercher la cause. Au contraire, il arrive souvent que nous nous laissions aller à des évaluations du type : « Je suis paresseux, par conséquent... », ou encore : « Je suis timide, par conséquent... ». Au lieu de repérer la cause spécifique, il nous semble plus éclairant et adéquat d'expliquer les choses en nous fondant sur une caractéristique générale de nos comportements. Et nous finissons par nous référer à ce que nous croyons être un pan de notre moi (la paresse, la faiblesse, l'indolence, la résignation, l'obstination, l'impulsivité, etc.). Il semblerait bien plus facile et sensé de changer un seul épisode de notre histoire, au lieu de changer notre façon d'être, c'est-à-dire un aspect permanent et stable de notre personnalité.

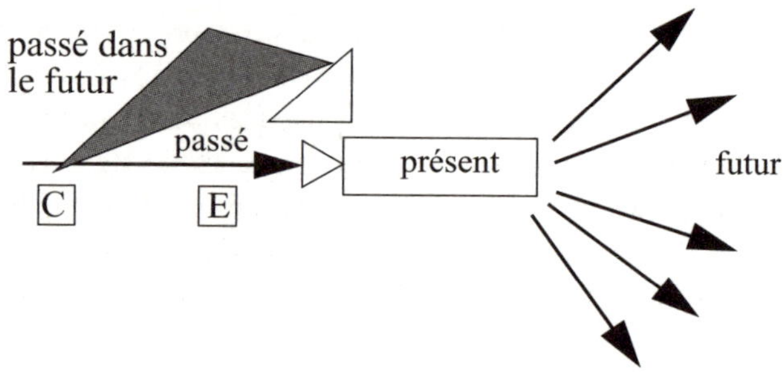


En effet si, au lieu d'éliminer la cause C, en éliminant du même coup l'effet E, nous changeons un pan de nous-mêmes, nous construisons un « futur dans le passé » (triangle grisé). Je parle de « futur dans le passé » car ce changement a des conséquences à la fois sur notre vie telle qu'elle s'est déroulée, mais aussi telle qu'elle se déroulera.

Supposons que nous ayons un défaut, par exemple la timidité. Si nous n'avions jamais été timide, à l'école primaire nous aurions pu parler à cette camarade qui nous plaisait tant, et de même au collège..., et ainsi de suite. En somme, des pans entiers de notre vie auraient été différents, au point que notre histoire serait méconnaissable. Lorsque nous changeons aussi facilement une partie aussi considérable de nous-mêmes et de notre existence, nous ne nous arrêtons pas sur les implications absurdes d'une telle opération. Si nous simulions vraiment un monde virtuel dans lequel nous nous retrouverions avec une personnalité et un caractère différents, tout notre passé s'en ressentirait et nous devrions construire un « futur dans le passé » radicalement nouveau. Nous serions alors devant le problème de raccorder ce « futur dans le passé » à notre présent, qui est ce qu'il est (voilà pourquoi le triangle grisé se rétrécit pour se raccorder au présent).

Demandons-nous donc s'il est sensé de dire : « si j'étais moins timide... », « si j'étais plus entreprenant… ». Nous avons vu combien il est absurde et disproportionné d'imaginer changer un pan entier de la personnalité d'un individu dans le but d'éliminer un seul épisode malheureux de sa vie. Certes, il peut venir à l'esprit que le patron d'Anna est une personne autoritaire et peu attentionnée. Mais sommes-nous sûrs qu'il est toujours ainsi ? La question qui nous est posée est simplement d'expliquer un épisode, c'est-à-dire la crise d'allergie d'Anna, ce soir-là. L'heuristique de simulation — si elle invente un monde nouveau, avec un patron totalement différent — est donc clairement absurde. C'est un piège dans lequel nous tombons facilement, même lorsqu'il s'agit de nous-même, c'est-à-dire d'une personne que nous devrions bien connaître.

De ce qui précède, on peut dégager une sorte de recueil de recettes cognitives, à appliquer lorsque quelque chose de notre passé, « que nous ne pouvons pas nous pardonner », nous rend malheureux :

1. *isoler* l'épisode. Bien identifier les circonstances temporelles et la situation dans laquelle il s'est produit.

2. *analyser* l'épisode et en repérer les causes possibles. Faire un examen exhaustif des causes, de celles qui dépendent de nous mais aussi de celles qui dépendent de circonstances externes. Ne retenir comme causes que les actions et les événements spécifiquement liés à l'effet. Ne pas attribuer l'effet à des caractéristiques permanentes du protagoniste ou de la situation dans laquelle il évolue. Pour tout dire : ne pas généraliser !

3. *déterminer,* parmi les diverses causes « spécifiques », celles qui dépendaient de nous et se demander si nous aurions pu agir autrement. Essayer de voir si le diagnostic est juste avec des heuristiques de simulation, c'est-à-dire en construisant des mondes hypothétiques grâce à la technique du « si seulement... ». De toute façon, parmi les diverses causes, privilégier celle qui est la plus spécifique.

4. *faire un bilan* des choses que nous pouvions éviter et de celles qui étaient inévitables et en tirer éventuellement une leçon, uniquement pour les situations de ce type. Une fois de plus : ne pas généraliser !

Ce recueil de recettes peut aussi servir pour le futur : si nous avons une épreuve ou une échéance qui nous préoccupe, demandons-nous si nous avons fait tout notre possible pour nous y préparer. Ce faisant, nous la transformerons en un événement qui s'est déjà produit. Dès lors, même si les choses allaient mal par la suite, nous demeurerions tranquille et serein.

# Chapitre 4 *La mesure du bonheur*

Machines malheureuses
parce qu'elles sont inquiètes, impatientes,
avares, jalouses, orgueilleuses,
esclaves de mille passions.

Julien Offroy de La Mettrie, *Discours sur le Bonheur*.

## Égocentrisme et focalisation

Une autre voie vers le bonheur consiste à limiter le puissant biais cognitif qu'est l'égocentrisme. Il s'agit de la tendance à considérer les faits de l'existence en prenant comme point de référence ce qui *nous* arrive, et non tout ce qui pourrait se produire par ailleurs. Cette limitation à soi est souvent très forte et, à bien des égards, tout à fait justifiable et avantageuse. D'un autre côté, elle peut être un obstacle à la saisie d'opportunités, et par là à des occasions de bonheur. Cette tendance a son origine dans une sorte d'économie de l'effort cognitif, qui caractérise, en général, nos activités mentales. Partons, comme de coutume, d'une expérience simple.

Imaginons que nous demandions à une personne si « elle veut faire... ou non » (à la place des points de suspension, nous pouvons mettre n'importe quelle activité), et laissons-la libre de nous demander tout ce qu'elle veut avant de décider. Par exemple :

Veux-tu aller au cinéma ou non ?
Demande-moi tout ce que tu veux savoir pour prendre ta décision.

Il est très probable que notre interlocuteur nous posera une série de questions sur les films que l'on peut voir, et négligera de considérer ce qui peut se cacher derrière « ou non ». Il est en effet plausible qu'il oriente sa recherche de renseignements sur l'activité explicitement mentionnée et non sur les autres possibilités laissées implicites, comme par exemple « aller au théâtre », « aller au restaurant », etc.

Il y a quelques années, avec deux collègues psychologues, Vittorio Girotto et Philip N. Johnson-Laird, j'ai mené une recherche dans laquelle les personnes interviewées devaient décider si elles allaient effectuer une certaine action ou non, comme dans l'exemple ci-dessus. Avant de prendre leur décision, elles pouvaient demander tous les renseignements qu'elles souhaitaient avoir, sans la moindre limitation. Nous avons constaté que, pour la plupart, les personnes tendent à ne demander de renseignements que sur l'action présentée et non sur les autres actions possibles laissées implicites.

Une telle stratégie se différencie nettement de ce qui est prescrit par la théorie du « choix rationnel ». En effet, en l'absence d'information, on ne pourra naturellement pas évaluer les avantages des autres possibilités. Par conséquent, il ne sera pas possible de les comparer à l'action explicitement mentionnée. En somme, on ne sera pas en mesure de faire un choix réfléchi.

Toutefois, si je m'intéresse ici à cet effet, ce n'est pas parce qu'il constitue une violation de la théorie du « choix rationnel ». Je voudrais le discuter dans une perspective différente : en tant qu'*effet de focalisation*. Il révèle une tendance à restreindre le champ des choix à celui qui est présenté.

Les personnes que nous avons interrogées, lors de cette expérience et des répliques qui en ont été faites, s'informent d'abord si la possibilité qui leur est présentée est satisfaisante, ou seulement passable, en somme si elle dépasse un certain seuil minimal. Ce n'est que si elles sont insatisfaites ou déçues, qu'elles s'ouvrent à l'exploration des autres possibilités. Notez bien que celles-ci leur sont implicitement présentées. En effet, leur rôle ne consiste pas à décider si elles doivent faire ou ne pas faire quelque chose, mais à *demander des renseignements* pour décider si elles doivent faire cette chose ou bien d'autres. Néanmoins, l'option présentée explicitement est privilégiée dans la recherche des renseignements qui s'ensuit. Prenons un autre exemple, tiré d'un autre paradigme expérimental, sur lequel j'ai travaillé avec Vittorio Girotto et le psychologue anglais Jonathan Evans.

Imaginez que ce soir, vous vouliez sortir et que vous deviez choisir entre deux partenaires potentiels, *A* et *B*. Vous êtes hésitant, mais depuis toujours, vous privilégiez les personnes riches et anticonformistes (ou, si vous préférez, pauvres et conformistes : ce ne sont pas les goûts qui comptent ici, mais les opérations mentales).

Supposons donc que vous attendiez principalement de votre partenaire les deux caractéristiques suivantes : qu'il soit le plus aisé et anticonformiste possible, le reste vous importe peu.

Des deux partenaires possibles, *A* et *B,* vous savez seulement que *A* est riche. La situation dans laquelle vous vous trouvez est donc la suivante :

| | richesse | anticonformisme |
|---|---|---|
| A | donnée connue | ? |
| B | ? | ? |

Votre tâche consiste à demander des renseignements, de façon à pouvoir remplacer les points d'interrogation par les données correspondantes. Une personne qui sait tout sur *A* et *B,* vous expose le dilemme suivant :

> Je souhaite vous aider, mais pas trop. Je ne vous donnerai donc qu'un seul renseignement ou bien sur *A,* ou bien sur *B*, de façon à n'éliminer que l'un des trois points d'interrogation. De quelle donnée préférez-vous disposer pour décider si vous sortirez avec *A* ou avec *B* ?

Dans un tel contexte, — qui n'est pas tellement invraisemblable en ce sens que dans la vie quotidienne nous ne pouvons pas prétendre tout savoir sur tout le monde — nous pouvons rechercher des informations de différentes manières.

Si nous sommes, pour ainsi dire, des explorateurs rationnels, nous utiliserons notre unique possibilité pour nous renseigner sur la richesse de *B* : nous pourrons ainsi faire une comparaison avec *A*. Leurs richesses respectives une fois comparées, nous choisirons le partenaire le plus riche. Nous aurons au moins pu comparer *A* et *B* sur l'une des dimensions qui nous tiennent le plus à cœur.

L'autre façon de procéder est plus prudente et rappelle la fourmi de notre fable : nous achèverons de prendre des renseignements sur *A,* sur lequel nous savons déjà quelque chose, et advienne que pourra. Même si rien ne nous autorise à le supposer — nous souhaitons ainsi que la seconde information — la seule que nous puissions demander — nous satisfasse au second point de vue. Il se peut que, par rapport à nos goûts, *B* ait été un partenaire plus satisfaisant que *A*. Mais, en agissant de la sorte, nous ne le saurons jamais.

Les études — analogues à cet exemple — faites sur la recherche d'informations limitées ont permis de découvrir que les personnes tendent à agir en « fourmis ». Les psychologues ont nommé ce comportement « *pseudodiagnosticité* ». Nous choisissons une information dont nous considérons qu'elle permet un diagnostic. En réalité, nous recueillons une donnée qui ne le permet pas.

En conclusion, nous tendons à demander des informations sur les options à propos desquelles nous savons déjà quelque chose. Nous nous en contentons, sans élargir le champ de notre exploration. Nous finissons ainsi par ne pas choisir. Une telle stratégie peut sembler prudente. C'est surtout une stratégie égocentrique : sachant quelque chose sur une possibilité nous continuons à l'explorer uniquement parce que nous la connaissons partiellement. Très souvent, c'est le hasard qui nous fournit les premières données et les hypothèses sur la réalité environnante. Le fait que nous soyons « focalisés » signifie donc qu'en fait nous sommes à la merci du destin.

## Le bonheur avec les autres

Nous venons de traiter de l'égocentrisme cognitif et des conséquences qui découlent du fait de privilégier son point de vue quand on explore le monde. Il s'agit d'un mécanisme qui, comme nous le verrons plus loin, est intimement mêlé à la construction du bonheur individuel. Il existe toutefois une forme plus pernicieuse d'égocentrisme. Elle se manifeste quand nous avons affaire aux autres. Une personne en paix avec elle-même et avec les autres est une personne heureuse. Et elle l'est justement parce qu'elle a confiance en son prochain. Avoir un style cognitif critique et dubitatif à propos de ses propres convictions n'implique pas que l'on ait des attitudes de méfiance et de rejet à l'égard des autres. C'est précisément la personne qui n'est pas très sûre de ses propres opinions qui sera ouverte à celles d'autrui.

Nous allons voir maintenant comment une rationalité visant à maximiser son propre profit peut être source de malheur. Celui qui est heureux ne s'oppose pas aux autres, n'accentue pas ses différences avec son prochain mais cherche toujours à se mettre à la place d'autrui.

Il est un domaine de l'économie, la théorie des jeux, qui a analysé les conditions de « maximisation de l'utilité » dans les cas où nous interagissons avec les autres.

La situation classique, qui se trouve au début de nombreux manuels consacrés à la théorie des jeux, est le *dilemme du prisonnier.*

> Deux individus, A et B, sont placés en garde à vue par la police dans des cellules séparées. La police les soupçonne d'être les auteurs d'un vol. Cependant elle n'a pas assez de preuves pour les arrêter. Elle offre à A et à B, séparément, la possibilité d'avouer que l'autre est coupable. Pour les pousser à le dénoncer, elle promet à chacun une remise de peine.

Le dilemme tient à la nécessité, pour chacun des individus, de décider, chacun de son côté, dans un contexte défini de la façon suivante :

1. si chacun des deux fait confiance à l'autre et se tait, la police, sans preuves, est obligée de les libérer tous les deux. Dans ce cas, *A* et *B* sortent de prison et se partagent le butin. Ils finissent avec un demi butin chacun (voir le premier cadran, en haut à gauche, dans le schéma qui suit) ;

2. si *A* dénonce *B* comme coupable du vol et que *B* ne dénonce pas *A*, *A* est relâché et ramasse tout le butin. Quant à *B*, il reste en prison un an comme unique coupable (voir le second cadran, en haut à droite) ;

3. si B dénonce *A* et que *A* ne le fait pas, *B* est relâché et prend le butin. *A* reste en prison un an (troisième cadran, en bas à gauche) ;

4. si *A* et *B* ne se fient pas l'un à l'autre et se dénoncent mutuellement, ils sont condamnés tous les deux. Mais ils obtiennent une remise de

peine et font six mois de prison chacun (quatrième cadran, en bas à droite).

| | A se fie à B | A ne se fie pas à B |
|---|---|---|
| B se fie à A | 1/<br>A : la moitié du butin<br>B : la moitié du butin | 2/<br>A : la totalité du butin<br>B : un an de prison |
| B ne se fie pas à A | 3/<br>A : un an de prison<br>B : la totalité du butin | 4/<br>A : six mois de prison<br>B : six mois de prison |

David M. Kreps, un grand économiste, nous explique comment cette situation — bien qu'irréaliste — correspond aux dilemmes de choix présents dans de nombreux contextes économiques (par exemple sur des marchés contrôlés par des « duopoles », c'est-à-dire par deux entreprises qui se partagent seules un même marché).

Que feriez-vous à la place de *A ?* Rappelez-vous que *A* ne peut savoir comment *B* s'est comporté face à la police. En effet, *A* et *B* se sont rencontrés pour la première fois lors du délit. Ils ont été arrêtés séparément et, selon un procédé habituel de la police, ils ne peuvent pas communiquer entre eux.

Selon les économistes, la rationalité est de dénoncer son complice, donc de ne pas se fier à lui. En effet, quelle que soit la décision de *B,* c'est la voie la plus avantageuse pour *A*.

Supposons que vous soyez A. Deux cas sont possibles :

1. B, ne se fiant pas à vous, vous a dénoncé à la police. Si vous avez décidé de vous fier à B, vous faites un an de prison et B prend tout le butin. Si vous ne vous fiez pas à lui, vous ne faites que six mois de prison. Vous avez donc intérêt à ne pas vous fier à lui et à le dénoncer ;

2. B s'est fié à vous et ne vous a pas dénoncé. Si vous le dénoncez, vous êtes relâché et vous gardez tout le butin. Si vous ne le dénoncez pas, vous n'obtenez que la moitié du butin. De nouveau, il est avantageux de ne pas se fier à B et de le dénoncer.

Ainsi, quoi que B ait décidé de faire, A a intérêt à le dénoncer. Le même raisonnement vaut pour B à l'égard de A. Ainsi, à la fin, chacun des deux dénonce l'autre et, chacun fait six mois de prison.

Les théoriciens du jeu représentent habituellement les quatre possibilités par un schéma. Celui-ci indique, par deux accolades, les deux décisions possibles tant pour A que pour B : faire confiance à l'autre ou ne pas lui faire confiance. Dans les deux lignes et les deux colonnes du tableau sont indiquées les conséquences des décisions pour A et pour B. Chacun des quatre cadrans correspond à l'une des quatre situations décrites précédemment.

Si l'on compare la colonne de droite (celle où A ne fait pas confiance à B), à la colonne de gauche (où A fait confiance à B) l'examen du tableau montre que l'intérêt de A est toujours de dénoncer B. En effet, les conséquences pour A, indiquées aux cadrans 2 et 4 sont préférables à celles indiqués aux cadrans 1 et 3. Il en est de même pour B, si l'on compare la ligne du bas à celle du haut : en effet, les conséquences pour B, indiquées aux cadrans 3 et 4, sont préférables à celles indiquées aux cadrans 1 et 2.

La conclusion du calcul est la suivante : un examen, froid et sans passion de l'avantage personnel, conduit aussi bien A que B à ne pas se fier à l'autre et à se dénoncer mutuellement. En se comportant ainsi, A et B font en sorte de n'avoir aucun regret, quelque décision que l'autre ait prise. A posteriori, ils ne pourront pas regretter leur choix en pensant à leur intérêt personnel. Aucun d'eux n'aura l'idée de conclure sur un « si seulement... » rageur, où à la place des points de suspension, serait exprimé un choix différent de celui qui a été fait (rappelez-vous l'heuristique de simulation !).

Le premier cadran du tableau, en haut à gauche, envisage une possibilité que nous n'avons pas encore discutée à fond. Il s'agit du cas où A et B se font confiance réciproquement. Ce serait le choix optimal, en termes de bonheur commun, mais non pas de bonheur individuel (le bonheur de chacun considéré séparément). En effet, si A et B se font mutuellement confiance, ils gardent leur butin et ne font pas de prison.

Si nous considérons les choses, non du point de vue égocentrique de chacun, mais du point de vue de l'équipe, la confiance réciproque produit le choix qui maximise l'intérêt conjoint de A et de B. Conclusion : le comportement rationnel pour un couple ou pour une équipe peut ne pas correspondre à l'ensemble de ce qui est rationnel pour chacun de ses membres.

La discussion de cette situation, même d'un point de vue abstrait, montre que le bonheur individuel peut être en opposition avec le bonheur collectif.

Cette opposition peut être mise en évidence même dans le cas de cette forme limite de collectivité que constitue un couple de personnes. Mais pensons aux formes beaucoup plus riches qu'il peut prendre quand nous n'avons pas affaire à des couples mais à des collectivités, plus nombreuses et plus complexes.

Ce contraste potentiel entre bonheur individuel et bonheur collectif a donné lieu à bien des courants de pensée qui proposent ce que l'on a coutume d'appeler une « ingénierie sociale ». Le siècle pendant lequel elle a été le plus théorisée, et malheureusement pratiquée, est sur le point de s'achever. Peut-être — comme l'a récemment souligné le philosophe Remo Bodei — un cycle bicentenaire est-il en train de finir :

> Nous nous trouvons maintenant, probablement, au terme d'un cycle bicentenaire dans lequel la politique s'est vue attribuée une fonction salvatrice, promettant aux peuples, aux classes ou aux « races », le bonheur grâce à une influence de la politique sur le cours de l'histoire.

Toujours est-il que, du point de vue du rapport entre bonheur individuel et bonheur collectif, toutes les variantes par lesquelles la politique a tenté d'influer sur l'histoire, ont une base commune : pour obtenir une société que l'on espère plus heureuse *dans son ensemble,* chaque citoyen est dirigé vers l'alvéole d'un modèle donné de bonheur. Imposer une éducation, une culture et enfin des comportements, devrait contribuer à la construction d'une société globalement plus heureuse. Et, par conséquent, le bonheur de chaque citoyen s'en trouverait accru.

Ce projet est évidemment valable dans certains contextes. Il suffit de penser aux règles de la circulation routière : si elles sont imposées et que leurs transgresseurs sont punis, tout le monde circule dans de meilleures conditions. L'extension d'un tel projet à toutes les formes de vie peut cependant devenir dangereuse. En effet, un calcul pour coordonner les préférences des individus risque de devenir complexe au point de se révéler irréalisable. Dans bien des cas, il n'existe pas, même en théorie, un cerveau central en mesure de faire ce calcul. Pensons, par exemple, à la difficulté de la planification centrale des économies socialistes. Le simple dilemme du prisonnier, là où il y a deux voleurs et un policier, produit déjà un schéma à quatre possibilités. Même si nous disposions d'un calculateur très puissant, dans lequel nous puissions introduire les préférences de toutes les personnes d'une société donnée, nous devrions en plus supposer que ces préférences ne changeraient pas, ni au fil du temps, ni par le jeu des interactions.

Il n'y a pas de doute que — étant donné que le monde n'est pas fait d'agrégats d'individus mais de groupes — vivre dans une société globalement plus heureuse rend, à long terme, plus heureux chacun des individus qui y participe. Cet objectif ne peut cependant être atteint par la contrainte, même la plus légère : la confiance réciproque et le refus de l'égocentrisme ne peuvent être le produit de contraintes. C'est pourquoi, le maximum de malheur a été produit par ceux qui croyaient connaître, mieux que les intéressés, le bonheur d'autrui. L'inverse est aussi vrai : c'est pourquoi, une profonde sagesse est contenue dans la maxime évangélique qui nous suggère d'avoir confiance en qui ne nous fait pas confiance.

Les traditions de pensée qui, dans une bonne intention, « forcent » le bonheur des autres, partent d'une vision pessimiste de l'homme. Mais le contrôle expérimental des situations prévues par la théorie des jeux, indique que les personnes ne cherchent pas « naturellement » la compétition et que, *a priori*, elles ne sont pas dépourvues de confiance réciproque. Elles apprennent à devenir égocentriques dans des milieux qui récompensent les comportements individualistes et agressifs. On peut finir par ne plus se rendre compte que ce qui est rationnel, du point de vue de l'individu, ne l'est déjà plus au niveau du couple, et à plus forte raison, au niveau du groupe.

Nous sommes ainsi arrivés à une question cruciale, « empirique » et non théorique. Comment se comportent en réalité les personnes si on leur présente des problèmes, comme celui du dilemme du prisonnier ? Comment déclarent-elles agir si elles sont les protagonistes d'histoires caractérisées par une structure « récompenses/sanctions » analogue à celle des quatre cadrans ?

De nombreuses expériences ont été menées, qui montrent, en substance, que nous tendons à nous adapter au style de notre partenaire. S'il se fie à nous, nous apprenons à nous fier à lui. Si au contraire son comportement est agressif, nous aurons tendance « à lui rendre la pareille ». Ces données, en soi, n'apportent rien de nouveau. Des myriades de recherches sur les prisons américaines — les vraies, non celles de la théorie des jeux — nous disent que les « durs égoïstes » sont le produit de milieux « hostiles » et conflictuels. L'absence d'une bonne éducation amorce des spirales de violence qui s'alimentent elles-mêmes. Plus intéressant est ce qui se produit quand le dilemme n'est pas présenté comme un jeu répété, permettant l'adaptation au style du partenaire qui nous fait face. Que se passe-t-il quand nous devons imaginer avoir affaire, une seule fois, à une personne que, par la suite, nous ne rencontrerons plus ?

On interrogé différents types de personnes. Même des étudiants experts, de ceux qui fréquentent les *business schools* et qui, de ce fait, maîtrisent la logique de la théorie des jeux. On peut leur présenter la situation du dilemme du prisonnier, en l'insérant dans des histoires apparemment différentes, mais identiques par leur structure « récompenses/sanctions ». Le fond du problème est toujours le même : vous rencontrez une personne que vous ne connaissez pas, à laquelle vous n'aurez affaire que lors de cette rencontre. Vous devez décider s'il vaut mieux vous fier à elle, et collaborer, ou bien ne pas lui faire confiance.

Les résultats des expériences sont curieux. Essayez en effet de raconter une histoire qui, en substance, reproduise le schéma du dilemme du prisonnier. Si vous avez affaire à des étudiants en économie, vous pouvez leur dire qu'ils doivent imaginer être des entrepreneurs qui répondent aux agissements d'un concurrent inconnu. Trois cas sont possibles :

1. le concurrent a *déjà agi* et a décidé de ne pas collaborer avec vous ;
2. le concurrent a *déjà agi* et a décidé de vous faire confiance ;
3. le concurrent *n'a pas encore agi* et vous devez décider si vous allez collaborer et lui faire confiance ou non.

Essayez maintenant de bâtir trois types d'histoires, qui ne diffèrent que sur ces trois variantes. Présentez-les à trois groupes de personnes et comparez ensuite les choix de la majorité de chaque groupe. Vous découvrirez que, dans les cas 1 et 2, la majorité des personnes comprend la structure du jeu et opte donc pour son avantage personnel, sans collaborer avec son concurrent. En d'autres termes, les personnes de ces deux groupes se comportent, essentiellement, avec une stratégie qu'un économiste qualifierait de rationnelle.

Le résultat surprenant apparaît quand vous dites aux personnes que le concurrent n'a pas encore agi. Dans ce cas, la personne doit décider sans savoir ce que son concurrent va faire. Du point de vue théorique on s'attendrait à ce que, dans ce cas aussi, les personnes fassent un choix compétitif. En effet, le concurrent ne pourra faire que l'une des deux choses, même si nous ne savons pas laquelle. Ou bien il vous fait confiance, ou bien il ne vous fait pas confiance. Dans chacun des deux cas, celui qui décide le premier devrait se rendre compte que, pour lui, il est plus avantageux, de toute façon, de ne pas se fier à l'autre (comme le décident en effet les personnes des deux premiers groupes). Et pourtant, la majorité des personnes du troisième groupe préfère se fier à l'autre.

De la comparaison entre les trois groupes, il ressort ainsi un enchaînement de choix curieux. C'est seulement quand le concurrent n'a pas encore fait son choix, que la majorité des personnes interrogées penche pour une décision de collaboration, comme si, ce faisant, elle invitait ce partenaire à la collaboration. En réalité, pour l'autre, il sera toujours plus avantageux de ne pas collaborer. Du reste, la majorité des participants aux deux premiers groupes avaient choisi de ne pas collaborer : Il serait donc cohérent de faire le même choix, même quand nous ne savons pas ce que fera notre concurrent. Dans ce troisième cas, pourtant, c'est comme si les personnes faisaient montre d'une confiance « naturelle » et « spontanée ». C'est seulement, semble-t-il, quand nous sommes contraints au calcul de l'utilité, pour réagir à une situation déjà définie, que nous choisissons rationnellement en fonction de notre avantage personnel.

Notre façon spontanée d'agir apparaît au contraire marquée par le calcul du bonheur collectif. C'est seulement lorsque nous nous trouvons face à une action déjà accomplie par notre adversaire — inspirée par la confiance ou la méfiance, mais de toute façon impossible à modifier — que nous ne voulons ni ne savons perdre l'opportunité d'un gain sûr. Peut-être est-ce un choix mesquin, mais collaborer quand notre intérêt personnel est évident et certain, nous semblerait une sotte générosité. Étant donné que la culture prédominante, dans laquelle nous nous trouvons immergés, est influencée par cet individualisme exacerbé, fondé sur une rationalité économique de compétition, cette incohérence ne doit pas nous étonner.

Un développement récent de ce paradigme expérimental révèle un résultat encore plus paradoxal. Essayons de dire aux gens que l'autre a déjà fait son choix, mais que ce choix ne leur sera communiqué qu'après qu'ils auront eux-mêmes agi. La seule différence est que nous ignorons ce que l'autre a fait. Pourtant dans ce cas également, les gens décident en majorité de coopérer, comme s'ils espéraient, par magie, transformer par leur confiance une éventuelle méfiance des autres. Pourquoi « magie » ? Parce que l'autre a déjà agi. Nous ne savons pas ce qu'il a fait. Mais comme son action a été accomplie, nous ne pouvons sûrement pas la changer. Nous ne pouvons revenir sur le passé, mais nous faisons « comme si » cela était possible.

Encore une fois, ce qui se passe dans le monde n'est pas important, ce qui l'est, c'est ce qui se passe dans notre tête. Ce sont nos connaissances qui guident nos actions et non pas ce qui se passe dans le monde. Si nous ne connaissons pas une certaine chose, nous agissons comme si elle ne s'était pas vraiment produite, même si en réalité elle s'est produite (rappelez-vous le lancement de la pièce de monnaie par Pierre et Paul).

Créer un climat heureux et détendu dans un groupe, dans une équipe de travail, dans sa famille comme au bureau, implique — bien plus souvent qu'on ne le pense — le passage de stratégies de rationalité individuelle à des stratégies de maximisation du bien-être collectif. La quintessence d'une bonne éducation consiste à enseigner (et apprendre) à se fier aux autres.

En conclusion, le « bonheur avec les autres » ne se construit pas en additionnant les bonheurs individuels. Il est crucial de savoir créer les conditions qui feront que les esprits individuels s'intègreront à l'esprit collectif, celui de la communauté à laquelle ils appartiennent. La base est la confiance et l'ouverture aux autres. Les manuels d'économie, comme celui de Kreps, nous enseignent au contraire que la confiance à l'égard des autres ne peut être que le résultat de la répétition, avec le même partenaire, d'échanges et de décisions du type de ceux prévus par le « dilemme du prisonnier ». En somme, la confiance est un produit de l'apprentissage : seule l'interaction peut conduire à la coopération.

Comme nous l'avons vu, une telle vision pessimiste des rapports humains, ne correspond heureusement pas aux données expérimentales. Les gens ne sont pas ainsi faits et il devient donc crucial de construire le bonheur en ignorant ce que nous devrions être (la rationalité des économistes) et en développant ce que nous sommes (la confiance a priori révélée par les psychologues).

Précédemment, nous avons analysé les limites de l'égocentrisme, lorsque, tout seul, nous nous mesurons au monde. Nous venons de voir que l'égocentrisme est également de mauvais conseil lorsque nous nous mesurons aux autres. Dans ce qui suit, nous verrons que, selon que pour expliquer notre vie nous nous prenons nous-même comme référence (égocentrisme) ou que nous prenons pour référence le milieu qui nous entoure, les conséquences qui en découlent diffèrent fortement en termes d'image de soi et de bonheur. Les paradigmes expérimentaux discutés dans ce chapitre, ont deux types d'implications. D'un côté ils servent à contrôler, si, d'ordinaire, la majorité des personnes se conforme aux critères de la rationalité économique. Mais, d'un autre côté, ils peuvent aussi servir à

« diagnostiquer » un individu pris isolément, pour mesurer sa tendance à l'individualisme égocentrique. Le problème de la mesure du bonheur se pose donc à deux niveaux : l'analyse de notre fonctionnement en tant qu' « êtres humains » et, à l'arrière-plan de celle-ci, le diagnostic de l'individu singulier. Les questionnaires, que nous examinerons dans le prochain paragraphe, ont d'abord cette seconde fonction.

Avant d'aller plus loin, je voudrais indiquer que si le bonheur, entendu comme maximisation de l'utilité individuelle, est une idée sur laquelle se fonde l'économie moderne, c'est aussi une idée héritée de la philosophie utilitariste. Le fait est que, au-delà des formalismes de la théorie des jeux et des modèles des économistes, la civilisation contemporaine a profondément intégré cette conception. En d'autres temps, par exemple dans la Grèce antique, on aurait pu affronter le dilemme du prisonnier avec une stratégie fondée sur ce qu'on appelait alors *eudaimonia.* Pour les Grecs, ce terme signifiait quelque chose comme « vivre une bonne vie pour un être humain » ou, en deux mots « prospérité humaine » — comme l'a observé le grand spécialiste de l'antiquité classique, John Cooper. Aristote emploie cette expression dans le sens de « vivre et bien faire ». Ce concept se réfère non à l'individu, mais à ses actions dans le cadre de la collectivité. Ce n'est qu'ainsi que l'on peut comprendre le célèbre morceau, souvent cité, de la *Lettre sur le bonheur* d'Épicure :

> Il n'est pas de vie heureuse qui soit intelligente, belle et juste, ni de vie intelligente, belle et juste dénuée de bonheur, parce que les vertus font partie intégrante du bonheur et en sont inséparables.

## Dépression et bonheur

Considérons ce qui, pour les psychothérapeutes, est l'un des obstacles les plus importants au bonheur, c'est-à-dire la dépression. Sans entrer dans les termes techniques, nous pouvons définir la dépression comme une forme de pessimisme, une sorte de sentiment prolongé d'impuissance. Il en existe une version « forte », qui justifie l'étiquette de « patient » dans son sens médico-biologique et que l'on traite avec un « remède prodigieux » (à base de lithium). Ces formes « fortes » sont dites « dépressions bipolaires ». On en a des indices héréditaires, en ce sens que si un jumeau monozygote souffre de dépression bipolaire, il y a 72% de chances pour que l'autre aussi en souffre. Toutes les autres formes, qui ne sont pas nécessairement moins fortes, mais plus temporaires, peuvent être classifiées selon différentes typologies. Il n'est pas facile de les catégoriser en sous-classes précises parce que, comme nous le verrons, il est difficile de construire une unité de mesure objective. L'unique point de convergence est que le caractère dépressif, et le malheur pathologique qui lui est associé, sont établis sur la base de symptômes.

Prenons le manuel qui est actuellement le plus utilisé dans le monde, le célèbre DSM (*Diagnostic and Statistical Manual of the American Psychiatric Association).* Nous y trouverons qu'une « dépression grave » est diagnostiquée s'il existe au moins cinq des symptômes suivants :

1. humeur négative
2. perte d'intérêt pour les activités habituelles
3. inappétence
4. insomnie
5. ralentissement psychomoteur (lenteur de pensée et de mouvement)
6. perte d'énergie
7. sentiment de culpabilité et dépréciation personnelle
8. déclin des habiletés mentales et difficultés de concentration
9. pensée ou action suicidaire.

Comment fait-on pour savoir si une personne présente ces symptômes et pour évaluer leur niveau de gravité ?

Un instrument officiel est le questionnaire mis au point par le Centre américain des études épidémiologiques au Mental Health National Institute. Son application est très simple et, en le lisant, vous pouvez mesurer vous-mêmes votre état dépressif (cf. Appendice 1).

Si vous avez essayé de répondre au questionnaire sur le sentiment de malheur et si vous avez calculé votre score, ou même si vous ne l'avez pas fait et si vous vous êtes borné à le parcourir, vous vous demanderez, quelle est la signification de ces techniques de mesure.

Admettons qu'en répondant aux vingt questions, vous ayez été tout à fait sincère. Vous êtes-vous cependant mesuré(e) selon une unité objective ? Évidemment non. En réalité, vous avez eu recours à votre unité subjective pour évaluer votre état mental présumé de la semaine précédente. En effet, comment avez-vous procédé ? Vous avez essayé de diagnostiquer quelque chose que nous avons appelé dépression, en vous demandant si vous vous sentiez déprimé, sans perspectives, raté, excédé, irrité, malheureux, triste, importun et ainsi de suite. Ce serait comme si, pour établir votre poids, au lieu de monter sur une balance, vous vous demandiez si vous vous sentiez lourd. Le problème est que, dans le cas de la dépression, nous n'avons pas de balance.

## Comment chercher bonheur et malheur, et les trouver

En premier lieu, restons au niveau du bon sens. Nous interpréterons le score du questionnaire fait pour mesurer le sentiment de malheur, comme un signe de notre optimisme ou de notre pessimisme. Cette solution semble naïve, mais elle est sage. En effet, elle présuppose que le questionnaire est un instrument qui révèle non pas ce que nous sommes, mais ce que nous déclarons être. De la même manière, la température indiquée par le thermomètre ne mesure pas une maladie mais n'en est que le signe éventuel (rappelez-vous la confusion entre signes et causes).

Beaucoup de personnes sont, en revanche, induites à penser que les réponses données au questionnaire révèlent une psychologie sous-jacente stable. Par exemple, elles peuvent se demander si leur sentiment de malheur déclaré est l'effet de la dépression. Cette deuxième façon de voir conduit davantage que la précédente à consulter un psychothérapeute ou un psychiatre. Ce dernier peut prescrire un médicament. On espère ainsi que, ce médicament ayant éliminé la cause, l'effet disparaîtra aussi. Notez que — même à ce niveau « technique »– le psychiatre ou le psychologue ne disposent pour leur diagnostic que d'indications sur l'état mental de la personne.

Il apparaît ainsi un problème analogue à celui des trois nombres dont on cherchait la règle, en ne regardant que les nombres pairs croissants de deux. En réalité, qu'avons-nous fait ? Nous avons procuré à une personne un questionnaire pour contrôler l'hypothèse qu'elle était malheureuse, parce qu'elle était déprimée. Ensuite, à la lumière des réponses, nous avons cherché à vérifier notre hypothèse en calculant la fréquence et la force des symptômes de dépression. Ici aussi — comme dans le cas de la stratégie la plus souvent employée pour trouver la règle correspondant à la série initiale des trois nombres — on effectue une évaluation centrée seulement sur les cas positifs, c'est-à-dire sur des exemples de l'hypothèse que nous examinons.

Essayez maintenant de pratiquer sur vous-mêmes et sur vos amis (s'ils y consentent) l'épreuve inverse. Prenez l'échelle de dépression et transformez-la en une échelle, pour ainsi dire d'*euphorie*. Il suffit de modifier les questions, en passant du négatif au positif :

1. je n'étais pas agacé par ce qui en général me met en colère
2. j'avais un solide appétit
3. je n'arrivais pas à me défaire d'un sentiment de béatitude et de bonheur
4. j'avais le sentiment d'aller aussi bien que les autres
5. je n'avais pas de difficulté de concentration
6. je ne me sentais pas déprimé

...

Si vous faites faire cet exercice aux personnes auxquelles a été soumis le questionnaire précédent (celui de l'Appendice 1), vous découvrirez que, curieusement, elles ne sont plus déprimées, même s'il s'agit des mêmes personnes. De même que le bonheur n'est pas le contraire du malheur, la dépression n'est pas le contraire de la non-dépression. Les données obtenues avec les deux questionnaires en sont une preuve empirique.

Ce résultat n'est pas étonnant. Dans le premier cas, les vingt questions étaient toutes orientées par la recherche de la dépression : l'objectif était de contrôler une hypothèse avec une stratégie « focalisée ». Dans le second cas, l'objectif était de contrôler l'hypothèse contraire. Pourtant, dans l'un et l'autre cas, la vie des personnes concernées n'a pas changé. La facilité avec laquelle nous diagnostiquons un bonheur ou un malheur permanents est donc le résultat d'une stratégie *focalisée*, *égocentrique* et *centrée sur les cas positifs [congruents]*, c'est-à-dire sur la confirmation des hypothèses initiales.

Or, –si vous êtes des observateurs neutres et impartiaux, si vous n'êtes pas déjà convaincus d'être déprimés, ou si vous ne souhaitez pas vous considérer comme tels — vous retiendrez vous aussi que la question cruciale n'est pas le score, mais la façon dont est rédigé le questionnaire. En effet, celui-ci induit les réponses, en s'appuyant sur notre tendance à nous focaliser sur ce qui nous est demandé.

Le problème de la validation des hypothèses à partir de cas positifs est une histoire ancienne, mais toujours actuelle.

Le philosophe Karl R. Popper, qui est considéré comme le pionnier du « falsificationisme », c'est-à-dire de l'examen des théories scientifiques en cherchant les cas qui les falsifient plutôt que ceux qui les corroborent, a raconté un épisode instructif dans son livre *Conjectures et réfutations* :

> Je restai très frappé par une expérience personnelle que j'avais eue avec Adler. Autrefois, en 1919, je lui ai rapporté le cas d'un enfant, qui ne me semblait pas particulièrement adlérien, mais qu'il n'a eu aucune difficulté à analyser dans les termes de sa théorie des sentiments d'infériorité, bien qu'il n'ait même pas vu l'enfant. Un peu déconcerté, je lui ai demandé comment il pouvait être aussi sûr. « C'est à cause de mon expérience de mille cas semblables », a-t-il répondu ; et je n'ai pas pu m'empêcher de commenter : « Et avec ce dernier cas, je suppose, votre expérience peut se prévaloir de mille et un cas ». Je me référais au fait que ses précédentes observations pouvaient ne pas avoir été plus valables que cette dernière ; que chacune d'entre elles avait été interprétée à la lumière de l'« expérience précédente », qui était en même temps considérée comme une confirmation ultérieure. Je me demandais : « une confirmation de quoi ? » : d'au moins un cas !

## Les explications comme mesures du bonheur

Le problème de la mesure du bonheur nous a amenés à analyser la façon dont les personnes expliquent leurs échecs et leurs succès.

Nous pouvons classer les types d'explication à partir des facteurs que nous avons examinés précédemment :

1. *contrôle ou absence de contrôle* : degré auquel une personne considère qu'il lui est arrivé quelque chose par le fait d'événements extérieurs et non à cause d'elle-même (rappelez-vous le concept de contrôle) ;
2. *permanence ou caractère temporaire* : dans quelle mesure une cause est-elle durable et non pas temporaire et contingente (rappelez-vous le concept de « fenêtre temporelle ») ;
3. *personnalisation ou extériorité :* dans quelle mesure une cause procède-t-elle de nous-même (rappelez-vous la notion d'extension du moi) ;

Supposons, par exemple, que le joueur de l'Inter de Milan — celui qui, l'autre soir, a raté un penalty lors de la finale de la Coupe de UEFA [1] — ait prétexté : « j'avais le vent contraire ». Une telle explication obtiendrait un score faible sur chacune des dimensions que nous venons de mentionner. En effet, le vent est d'ordinaire une cause hors de notre *contrôle*, *temporaire* et ne faisant pas partie des compétences d'un footballeur (*personnalisation* faible).

1. L'Union européenne des fédérations de football (N.d.t.).

Martin Seligman, un psychologue américain de grand renom, a enregistré et essayé de mesurer les explications données par des patients déprimés, pendant les séances thérapeutiques. Voici, par exemple, un fragment de la fiche de la patiente Tania :

> Tania éprouve du dégoût pour elle-même parce que, dit-elle : « je hurle toujours après mes enfants et je ne leur demande pas pardon ».

Cette explication réfère à une caractéristique *permanente* de Tania, un comportement *personnel* qui est sous son *contrôle* (score : 17 ; les scores au-dessus de 13 sont anormaux et conduisaient Seligman à soumettre son patient à une thérapie anti-dépressive).

Comparons cette explication donnée par la Tania malheureuse, qui obtient un score élevé, à celle de la Tania heureuse (après le traitement), qui obtient un score moyen :

> Je suis allée à l'église toute seule *parce que mon mari devenait malpoli et ne voulait pas y aller.*

Il s'agit d'une explication fondée sur un fait temporaire, impersonnel et hors contrôle (score 8).

> Je me néglige *parce que mes enfants doivent avoir des habits pour aller à l'école.*

C'est aussi une explication « temporaire, impersonnelle et hors contrôle (score 8).

> *Il m'a pris toutes mes économies et il les a dépensées pour lui.* Si j'avais eu un fusil, je lui aurais tiré dessus (score 9).
>
> J'ai eu des difficultés à conduire *parce que mes lunettes n'étaient pas assez foncées* (score 6).

Qu'est-ce qui distingue la Tania non déprimée de la Tania déprimée ? C'est l'explication de ce qui ne va pas, des ennuis et des difficultés : elle tend à la formuler en fournissant des causes *qui ne sont pas sous son contrôle*, qui sont *spécifiques* et qui n'ont rien à voir avec sa *personne*. Selon Seligman :

> Des résultats de mes études, on peut conclure que le style d'explication donné permet de prédire qui, dans un groupe de personnes normales, risque de faire une dépression. Il permet en outre de prédire qui restera déprimé et qui fera des rechutes après la thérapie.

S'il en est ainsi, le problème de la dépression et du mal-être qui s'ensuit, se transforme en un problème de changement de style explicatif. Ce n'est pas un problème simple parce que les explications de caractère général et permanent de la Tania déprimée semblent aussi bonnes que celles de la Tania non déprimée. Et même, pour l'épistémologie naïve, dont l'anecdote de l'échange entre Adler et Popper est un exemple, il vaut mieux une théorie qui explique plusieurs cas qu'une théorie qui en explique un moins grand nombre. Dans la vie quotidienne, nous sommes souvent tentés d'être adleriens, plutôt que popperiens !

Jusqu'ici, nous nous sommes occupés des explications visant à rendre compte des difficultés, des sources de dépression et, par conséquent, de malheur. Si nous passons à l'explication des succès, le tableau s'inverse. Les personnes les plus heureuses, lorsqu'elles tentent d'expliquer ce qui va bien pour elles, utilisent un style analogue à celui de la Tania déprimée : elles font appel à leurs dons, à leurs caractéristiques permanentes et à leur capacité de tenir les événements sous leur contrôle.

Reconsidérons, de ce point de vue plus général, les trois facteurs initiaux. Comparons les explications du même événement, qui a été un succès, par une personne heureuse et par une personne malheureuse.

EXPLICATION D'UN SUCCÈS PAR LA PERSONNE HEUREUSE

Je me suis longtemps préparé(e) à... (contrôle interne)

Je sais très bien faire ce type de choses (personnalisation)

Je suis doué(e) en... (caractéristique permanente)

Ma ténacité m'a permis de... (contrôle + personnalisation)

EXPLICATION D'UN SUCCÈS PAR LA PERSONNE MALHEUREUSE

Ça a été un coup de chance (contingent + contrôle externe)

La capacité de mes collaborateurs... (impersonnel)

J'ai bien réussi cette fois-ci (contingent)

Naturellement, ce second type d'explications d'un succès pourrait relever d'une manifestation de modestie ou de snobisme (mais dans ce cas, elles seraient données sans qu'on y croie vraiment).

En conclusion, pour la personne optimiste et heureuse, il existe une profonde asymétrie entre l'explication des succès et celle des échecs. Seuls ces derniers (exceptionnels) doivent être expliqués ; les premiers (normaux) sont tenus pour sûrs (rappelez-vous la discussion sur l'heuristique de simulation). Tel est d'ailleurs le message implicite de tous les guides américains dont j'ai parlé dans le premier chapitre : un certain Norman Vincent Peale a rédigé plus de vingt guides de ce type (et en a vendu plusieurs millions d'exemplaires !) dans l'espoir qu'il suffirait d'enseigner « le pouvoir de la pensée positive » pour rendre les gens heureux.

La traduction opérationnelle du cadre théorique présenté ici, fondé sur les trois facteurs que nous venons d'étudier, a permis la mise au point d'un questionnaire. Il s'agit un instrument fait pour mesurer le degré de bonheur (cf. Appendice 2). Ce questionnaire, qui est le résultat d'un long travail de Seligman, de L.J. Abramson et de leurs élèves (tous deux ont reçu le prix de l'American Psychological Association pour avoir obtenu des résultats majeurs dans les dix premières années de leur carrière), est la traduction opérationnelle des facteurs de contrôle, de permanence et de personnalisation examinés dans les chapitres précédents.

## Peut-on construire le bonheur ?

Pour tenter de mesurer le bonheur, nous nous sommes référés à un indicateur indirect : les explications que donnent les personnes quant aux raisons pour lesquelles les choses ont (succès) ou n'ont pas (échec) marché.

À partir de trois dimensions seulement, il est possible de construire des instruments de mesure pour révéler la façon dont les gens voient le monde. Selon Seligman, en expliquant le monde, et en particulier ce qui nous arrive, de façon pessimiste, nous nous habituons à le voir sous un jour sombre, et, ensuite, nous ne parvenons plus à nous libérer de cette tournure d'esprit. Telle est la genèse du malheur, qui se manifeste sous des formes pathologiques, comme la dépression. Est-ce que tous les chercheurs s'accordent avec la conception de Seligman ?

Robyn Dawes a été l'un des critiques les plus sévères de Seligman. Le point de vue de Dawes — exposé dans un livre qui aux États-Unis a eu un grand succès, *House of Cards : Psychology and Psychoterapy Built on Myth* — est pour ainsi dire, un retour au bon sens. Dawes soutient qu'un optimisme « excessif » peut devenir illusion sur soi-même et sur le monde. Il montre que l'optimisme ne conduit au bonheur que si une vision positive du futur est accompagnée d'une confrontation sévère, longue, difficile et tenace avec le monde. C'est seulement alors, et encore pas toujours, que nous connaîtrons des succès. Selon Dawes, le succès des thèses de Seligman est un indice de l'égoïsme narcissique qui caractérise une bonne part de la culture américaine contemporaine. Par une sorte de tour de passe-passe de bonimenteurs, on oublie que voir tout en rose dans la vie n'est pas tant l'effet d'un certain style dans l'explication des événements, que le résultat de comparaisons effectives avec le réel grâce à une confrontation durable avec lui.

C'est la capacité à inscrire effectivement ses objectifs dans la réalité, grâce à une application constante et intelligente, qui conduit à une vision optimiste et confiante, et non le contraire. Il est pourtant vrai que dans certains milieux protégés, comme les espaces de loisirs et de travail des classes privilégiées, nous avons l'impression que les personnes sont heureuses, comme si elles naissaient optimistes et trouvaient le succès, naturellement et à coup sûr. Mais il s'agit d'une illusion qui s'instaure dans ces milieux, précisément parce qu'ils sont protégés de la confrontation avec le reste de la société et des situations de compétition continuelle dans lesquelles sont plongés les simples mortels.

Sur la base de ces considérations, Dawes avance une critique radicale de l'individualisme égoïste, typique de l'adolescence.

> Actuellement, les psychologues voudraient nous endoctriner au credo que nous devrions être heureux indépendamment d'une confrontation sérieuse avec la réalité. Nous devrions accepter celle que le grand poète Ievgueni Evtouchenko tient pour la mère de toutes les illusions mensongères : « la fable vulgaire, méprisante et paternaliste dont on nous rebat les oreilles dès notre enfance, c'est-à-dire que la signification de la vie se réduit à être heureux ».

Dawes estime que le bonheur ne peut être produit par des instruments et des artifices psychologiques. Pire, il n'est pas même sérieux d'en parler. Il reprend une tradition de pensée que nous pouvons faire remonter au plus grand philosophe du siècle, Ludwig Wittgenstein, et que nous retrouvons dans ces paroles de Natoli :

> L'homme heureux, en effet, déclare rarement son bonheur, il le communique simplement. Ce comportement apparaît plus clair si on pense à celui qui souffre, qui, au contraire, se renferme dans sa douleur, la dissimule tant qu'il réussit à la contrôler, ou la révèle jusqu'à l'impudeur, dans l'extrême besoin, quand il sent qu'il ne pourrait pas vivre sans la pitié d'autrui.

À mon avis, la critique de Dawes n'est fondée que si elle s'adresse aux constructeurs de bonheur qui transforment des théories complexes en recettes faciles. Mais elle est sans fondement s'il s'agit de nier les faits et les résultats expérimentaux que nous avons rapportés jusqu'ici. Théoriquement, deux personnes peuvent trouver, au cours de leur existence, la même quantité de bonheur et de malheur. Mais c'est justement la façon différente d'expliquer les choses, qui fera que seule l'une d'elles se posera le problème de ses échecs. L'autre, en revanche, se concentrera sur « ses » succès : une série de choses qui ont bien marché sans besoin d'explication, parfois interrompues par des moments d'adversité exceptionnels. Tandis que l'une tient pour acquise une vision optimiste, l'autre pense que la « vie est une vallée de larmes ».

Dans la littérature philosophique, l'inconscience du bonheur, de la part de l'homme heureux, a souvent été présentée comme le résultat d'une expansion vers les autres. « L'ampleur du moi » est un concept bien différent de l'extension et de l'appropriation dont nous avons débattu au deuxième chapitre. On fait ici allusion à l'expansion du moi qui se traduit et se manifeste à travers la capacité de donner. Le terme le plus adapté pour désigner cette expansion généreuse du moi est « joie » (*laetizia*). Comme pour les latins le terme *felix* indique la terre féconde, le terme « *letizia* » vient du verbe *laeto,* qui signifie « rendre heureux » (mais aussi fertiliser, engraisser, d'où, curieusement, le terme « *letame* » (fumier), de *laetamen* : qui rend la terre heureuse).

La joie résulte d'un sentiment inconscient d'expansion, non d'une appropriation d'un contrôle du moi sur les choses. Le philosophe Natoli ajoute :

> Le bonheur est donc sentiment d'expansion. D'où la célèbre formule de Spinoza : *felicitatem in eo consistere, quod homo suum esse conservare potest* (*Eth.* IV, XVIII) : le bonheur consiste pour l'homme à pouvoir conserver son propre être. Nietzsche parfaira la définition de Spinoza, en disant que l'homme ne peut se conserver vraiment que s'il grandit, à partir du moment où on ne grandit plus, d'une certaine façon, on commence à mourir.

Le bonheur, entendu comme joie, est quelque chose qui se montre, ne se décrit pas et s'explique encore moins.

L'homme malheureux vit dans un autre monde que celui dans lequel vit l'homme heureux. Le malheureux se sent impuissant, incapable de modifier son existence, parce qu'il lui semble que c'est un monde hors de son contrôle qui provoque son malheur. Mais, en même temps, il explique l'impossibilité de modifier le monde par sa propre incapacité à le faire, c'est-à-dire par des caractéristiques de sa personne. Ces caractéristiques ne semblent pas modifiables parce qu'elles sont présentées, à soi-même et aux autres, comme permanentes et inaltérables. Ainsi se réalise une manœuvre cognitive inattaquable. De cette manière, le malheureux obtient deux avantages : il épouse une théorie forte et infalsifiable de sa triste existence et il réfute les arguments de ceux qui voudraient lui expliquer qu'il pourrait changer. Le malheureux voit le monde à partir de son moi et ce qu'il voit, de son point d'observation privilégié, ne peut être contesté par autrui. Personne ne peut se substituer à lui, à l'origine de son champ de regard.

# *Conclusion*

## Explorer le malheur pour comprendre le bonheur

Nous ne cesserons d'explorer
Et à la fin de notre exploration
Nous en serons au point de départ.

T.S. Eliot, *Quatre Quatuors.*

Dans ce livre, nous avons passé en revue les mécanismes cognitifs les plus importants liés à l'« inhibition du bonheur », c'est-à-dire les processus par lesquels nous nous « empêchons » d'être heureux. Et pourtant, il ne suffit pas d'éviter le malheur pour être heureux : le malheur n'est pas le contraire du bonheur. Il s'ensuit que connaître et maîtriser les mécanismes cognitifs qui engendrent le malheur, ne garantit en rien le bonheur. Ce n'est qu'une condition préalable.

J'aurais pu traiter également des produits de ces mécanismes, de ce qu'on appelle les « émotions sociales », c'est-à-dire les émotions que nous éprouvons envers autrui. Par exemple, dans le second chapitre, nous avons parlé de la « possession », de la « perte » et des peurs liées aux objets sur lesquels nous avons « investi » (symboliquement). Il aurait été facile de montrer que la jalousie n'est qu'un cas particulier de ce mécanisme. Particulier, en ce sens que la jalousie est non pas la peur de perdre un objet quelconque, mais la peur de perdre la personne aimée. Une peur qui peut devenir anxiété, obsession, au point de faire préférer à Othello la destruction de l'être aimé plutôt que de le savoir possédé par d'autres. Est-ce là l'amour véritable ? Ce n'est pas la conception de Marcel Proust, dont j'ai cité une description « non possessive » de l'amour. Mais il est certain que, dans la vie quotidienne, nous trouvons beaucoup plus de petits Othello que de petits Proust. Ce qui démontre, une fois encore, la force du mécanisme que j'ai décrit.

Certaines émotions sociales sont le produit de l'imbrication de deux ou plusieurs de ces mécanismes que nous avons évoqués séparément, à l'état pur. Considérons, par exemple, l'envie. L'envie naît de la confrontation de possessions ou de pouvoirs entre une autre personne et nous-mêmes : l'autre possède plus que moi ou contrôle plus que moi (voir les chapitres deux et trois). Mais cette explication ne suffit pas à expliquer comment fonctionne l'envie. Celle-ci est liée à l'image que nous avons de nous-mêmes, et, en particulier, à ce que nous croyons savoir faire et à ce pour quoi nous voulons être appréciés (voir le chapitre trois). En effet, nous n'envions pas une personne qui jouit de caractéristiques et de pouvoirs pour lesquels nous n'avons pas le plus petit intérêt. Ce qui peut nous rendre malheureux, c'est la supériorité des autres dans un domaine pour lequel la confrontation réciproque nous semble plausible. C'est ce qui explique pourquoi celui qui se sent différent, incomparable, supérieur, mais même très inférieur, n'est jamais envieux. Il en est de même pour celui qui pense que la supériorité des autres est le fruit d'événements qui n'étaient pas contrôlables, et qui par conséquent n'étaient pas modifiables.

Un autre exemple d'émotion sociale dérivée est la honte. Elle fonctionne comme signal d'alarme de la crainte que les autres puissent nous juger de façon négative. Plus nous désirons que notre moi soit étendu et que ses pouvoirs soient admirés des autres, plus nous sommes vulnérables à la honte. Comme l'a observé Thomas Hobbes :

> La honte est un tourment qui trouble ceux qui aiment les louanges, au moment où ils ont été surpris à faire ou dire ce qu'il n'est pas convenable de faire ou de dire.

Depuis toujours, on a cherché à analyser ces sentiments qui peuvent être très destructeurs. Tout grand romancier est, en ce sens, un phénoménologue des émotions. Dans le passé, les spécialistes avaient déjà cherché à discuter des « passions humaines » dans un cadre unitaire. Par exemple, François de La Rochefoucauld a observé dans l'une de ses *Maximes* :

> La jalousie est en quelque manière juste et raisonnable puisqu'elle ne tend qu'à conserver un bien qui nous appartient ou que nous croyons nous appartenir ; au lieu que l'envie est une fureur qui ne peut souffrir le bien des autres.

Ces phénomènes sont tous, directement ou indirectement, liés au bonheur. La jalousie, l'envie, la honte et les autres émotions sociales ne touchent pas les gens heureux.

L'analyse des conditions qui permettent le bonheur ou qui s'y opposent, peut être faite à partir des émotions sociales. Nous pouvons bâtir une analyse phénoménologique fine de ces états d'esprit. Le travail des grands romanciers et des grands philosophes, comme on l'a entrevu à partir des citations tirées de leurs œuvres, nous offre bien des prototypes, c'est-à-dire des cas individuels magistralement décrits.

Nous avons déjà fait allusion au fait que, pendant des siècles, il était permis d'écrire des tragédies, des comédies, des romans et des essais philosophiques, sur les choses humaines. Mais il n'était pas permis de faire des expériences sur le fonctionnement de l'esprit humain. Nous retrouvons cette asymétrie, de nos jours, dans la richesse des premiers et dans l'indigence des secondes. Ce n'est que dans ces dernières décennies que l'on a commencé à analyser les bases cognitives des mécanismes mentaux, inhibiteurs du bonheur. On a ainsi découvert qu'ils n'ont rien de spécial. Ce sont en effet les mêmes mécanismes qui caractérisent, de manière plus faible, beaucoup d'autres aspects de notre façon de penser habituelle dans le cours de notre vie quotidienne.

Quand, il n'y a pas plus d'un siècle, il est devenu possible d'explorer ce domaine, les psychologues ont été influencés par l'approche humaniste et littéraire. C'est pourquoi, les spécialistes aussi notoires que Sigmund Freud, Alfred Adler et George Herbert Mead, bien qu'estimant faire de la science, ont avancé des théories difficiles à traduire en hypothèses expérimentales. Ces dernières années, on a cherché à aller au-delà des hypothèses séduisantes, mais tellement générales qu'elles en sont infalsifiables.

Le chemin que nous avons devant nous est complexe et difficile. Pourtant le fait que, depuis toujours, on désire obtenir des réponses à ce type de questions, ne doit pas nous autoriser à faire abstraction des critères par lesquels nous cherchons ces réponses. J'ai connu bien des personnes qui ne se contentaient jamais d'explications animistes, astrologiques ou presque magiques, concernant les processus naturels et technique, et qui n'y avaient pas plus recours pour expliquer et prévoir des comportements dans des domaines tels que l'économie ou la finance. Pourtant, souvent ces mêmes personnes se contentaient — dans les domaines liés aux thèmes traités dans ce livre — de pseudo-explications, de recettes apaisantes et de boniments divers.

Le problème insurmontable, quand on affronte le bonheur avec les instruments de la psychologie scientifique, est que ceux-ci nous éclairent sur les limites de notre esprit. Ils finissent donc par nous parler plus des conditions préalables au malheur que du bonheur en soi. On peut supposer, avec Wittgenstein, que le monde de la personne heureuse ne contient pas les mêmes faits que le monde de la personne malheureuse. Mais le monde de la personne heureuse est « globalement un monde plus étendu » (voir la fin du chapitre précédent). C'est pourquoi, en toute rigueur, on peut dire que celui qui est vraiment heureux ne sait pas qu'il l'est. C'est le malheureux qui arrive à voir les limites de son monde, les limites tracées par son insatisfaction.

Ce travail est donc dédié aux gens malheureux, parce que le monde des gens heureux est différent de celui des malheureux, et que de cela on ne peut parler.

# Appendice 1 *Un questionnaire pour mesurer le malheur*

Pour chaque question mettre une croix sur la réponse qui décrit la façon dont vous vous êtes senti(e) la semaine dernière :

**1. Des choses qui en général ne me mettent pas en colère m'ont énervé(e)**

| | |
|---|---|
| • rarement ou jamais (moins d'un jour) | 0 |
| • peu de fois ou peu (1-2 jours) | 1 |
| • quelquefois ou modérément (3-4 jours) | 2 |
| • presque tous les jours, souvent (5-7 jours) | 3 |

**2. Je n'ai pas eu envie de manger, j'ai eu peu d'appétit.**

| | |
|---|---|
| • rarement ou jamais (moins d'un jour) | 0 |
| • peu de fois ou peu (1-2 jours) | 1 |
| • quelquefois ou modérément (3-4 jours) | 2 |
| • presque tous les jours, souvent (5-7 jours) | 3 |

**3. Je ne suis pas arrivé(e) pas à me défaire d'un sentiment de tristesse, même avec l'aide de ma famille ou de mes amis.**

| | |
|---|---|
| • rarement ou jamais (moins d'un jour) | 0 |
| • peu de fois ou peu (1-2 jours) | 1 |
| • quelquefois ou modérément (3-4 jours) | 2 |
| • presque tous les jours, souvent (5-7 jours) | 3 |

**4. J'ai senti que je n'allais pas aussi bien que les autres.**

| | |
|---|---|
| • rarement ou jamais (moins d'un jour) | 0 |
| • peu de fois ou peu (1-2 jours) | 1 |
| • quelquefois ou modérément (3-4 jours) | 2 |
| • presque tous les jours, souvent (5-7 jours) | 3 |

**5. J'ai éprouvé des difficultés à me concentrer.**

| | |
|---|---|
| • rarement ou jamais (moins d'un jour) | 0 |
| • peu de fois ou peu (1-2 jours) | 1 |
| • quelquefois ou modérément (3-4 jours) | 2 |
| • presque tous les jours, souvent (5-7 jours) | 3 |

**6. Je me suis senti(e) déprimé(e).**

| | |
|---|---|
| • rarement ou jamais (moins d'un jour) | 0 |
| • peu de fois ou peu (1-2 jours) | 1 |
| • quelquefois ou modérément (3-4 jours) | 2 |
| • presque tous les jours, souvent (5-7 jours) | 3 |

**7. J'ai beaucoup peiné pour faire la moindre chose.**

| | |
|---|---|
| • rarement ou jamais (moins d'un jour) | 0 |
| • peu de fois ou peu (1-2 jours) | 1 |
| • quelquefois ou modérément (3-4 jours) | 2 |
| • presque tous les jours, souvent (5-7 jours) | 3 |

**8. Le futur m'est apparu sans perspectives.**

| | |
|---|---|
| • rarement ou jamais (moins d'un jour) | 0 |
| • peu de fois ou peu (1-2 jours) | 1 |
| • quelquefois ou modérément (3-4 jours) | 2 |
| • presque tous les jours, souvent (5-7 jours) | 3 |

**9. J'ai pensé avoir raté ma vie.**

| | |
|---|---|
| • rarement ou jamais (moins d'un jour) | 0 |
| • peu de fois ou peu (1-2 jours) | 1 |
| • quelquefois ou modérément (3-4 jours) | 2 |
| • presque tous les jours, souvent (5-7 jours) | 3 |

**10. J'ai eu très peur.**

| | |
|---|---|
| • rarement ou jamais (moins d'un jour) | 0 |
| • peu de fois ou peu (1-2 jours) | 1 |
| • quelquefois ou modérément (3-4 jours) | 2 |
| • presque tous les jours, souvent (5-7 jours) | 3 |

**11. Je ne suis pas arrivé(e) à bien dormir.**
- rarement ou jamais (moins d'un jour) 0
- peu de fois ou peu (1-2 jours) 1
- quelquefois ou modérément (3-4 jours) 2
- presque tous les jours, souvent (5-7 jours) 3

**12. Je me suis senti(e) malheureux (malheureuse).**
- rarement ou jamais (moins d'un jour) 0
- peu de fois ou peu (1-2 jours) 1
- quelquefois ou modérément (3-4 jours) 2
- presque tous les jours, souvent (5-7 jours) 3

**13. J'ai parlé moins que d'habitude.**
- rarement ou jamais (moins d'un jour) 0
- peu de fois ou peu (1-2 jours) 1
- quelquefois ou modérément (3-4 jours) 2
- presque tous les jours, souvent (5-7 jours) 3

**14. Je me suis senti(e) seul(e).**
- rarement ou jamais (moins d'un jour) 0
- peu de fois ou peu (1-2 jours) 1
- quelquefois ou modérément (3-4 jours) 2
- presque tous les jours, souvent (5-7 jours) 3

**15. Les autres m'ont tenu(e) à distance.**
- rarement ou jamais (moins d'un jour) 0
- peu de fois ou peu (1-2 jours) 1
- quelquefois ou modérément (3-4 jours) 2
- presque tous les jours, souvent (5-7 jours) 3

**16. Je n'ai éprouvé aucune joie de vivre.**
- rarement ou jamais (moins d'un jour) 0
- peu de fois ou peu (1-2 jours) 1
- quelquefois ou modérément (3-4 jours) 2
- presque tous les jours, souvent (5-7 jours) 3

**17. Il m'est arrivé de pleurer.**
- rarement ou jamais (moins d'un jour) 0
- peu de fois ou peu (1-2 jours) 1
- quelquefois ou modérément (3-4 jours) 2
- presque tous les jours, souvent (5-7 jours) 3

**18. Je me suis senti(e) triste.**

| | |
|---|---|
| • rarement ou jamais (moins d'un jour) | 0 |
| • peu de fois ou peu (1-2 jours) | 1 |
| • quelquefois ou modérément (3-4 jours) | 2 |
| • presque tous les jours, souvent (5-7 jours) | 3 |

**19. Je ne me suis pas senti(e) accepté(e) par les autres.**

| | |
|---|---|
| • rarement ou jamais (moins d'un jour) | 0 |
| • peu de fois ou peu (1-2 jours) | 1 |
| • quelquefois ou modérément (3-4 jours) | 2 |
| • presque tous les jours, souvent (5-7 jours) | 3 |

**20. Je ne suis pas parvenu(e) à me mettre en action.**

| | |
|---|---|
| • rarement ou jamais (moins d'un jour) | 0 |
| • peu de fois ou peu (1-2 jours) | 1 |
| • quelquefois ou modérément (3-4 jours) | 2 |
| • presque tous les jours, souvent (5-7 jours) | 3 |

Le score final se calcule en additionnant les points obtenus pour chaque question. En cas d'incertitude (si vous avez indiqué deux ou plusieurs nombres pour la même question) ne tenez compte que du nombre le plus élevé. Le score est un nombre entre zéro et soixante.

Si votre total est inférieur à 10, il est au-dessous de la moyenne américaine. Au-dessus de 20, on peut considérer que vous éprouvez un sentiment de malheur modéré. Si votre score dépasse 30 points, un psychiatre américain vous conseillerait une visite et peut-être une cure.

# Appendice 2 *Un questionnaire pour mesurer le bonheur*

Sachez que vous serez seul(e) à connaître vos résultats ; ne choisissez donc pas la réponse qui vous paraîtrait la plus « juste » ou que vous penseriez « devoir » donner ou que d'autres donneraient.

Mettez une croix sur la réponse (indiquée par A ou B), qui vous vient immédiatement à l'esprit, de façon spontanée, comme explication adaptée à chacun des événements décrits ; si aucune des deux explications ne vous semble adéquate, choisissez la moins « inadaptée ».

**PsG 1. Le projet que vous dirigez remporte un grand succès.**

[A] J'ai été très attentif au travail de chacun. 1

[B] Chacun y a consacré de son temps et de son énergie. 0

**PmG 2. Votre partenaire et vous, vous vous réconciliez après une dispute.**

[A] Je lui ai pardonné. 0

[B] En général j'ai tendance à pardonner. 1

**PsB 3. Vous avez quitté la route en allant chez un(e) ami(e).**

[A] Je n'ai pas vu le virage. 1

[B] Mon ami(e) m'a mal renseigné(e). 0

| | | | |
|---|---|---|---|
| **PsG 4.** | **Votre partenaire vous fait une surprise en vous offrant un cadeau.** | | |
| | [A] | Il/elle a eu une augmentation de salaire. | 0 |
| | [B] | Hier soir je l'ai invité(e) à dîner. | 1 |
| **PmB 5.** | **Vous oubliez l'anniversaire de votre partenaire.** | | |
| | [A] | Je n'arrive pas à me rappeler les anniversaires. | 1 |
| | [B] | J'étais préoccupé(e) par autre chose. | 0 |
| **PvG 6.** | **Un admirateur/une admiratrice inconnu(e) vous envoie un cadeau.** | | |
| | [A] | Je l'attire. | 0 |
| | [B] | Je suis populaire. | 1 |
| **PvG 7.** | **Vous êtes candidat(e) à une charge publique et vous l'obtenez.** | | |
| | [A] | J'ai consacré beaucoup de temps et d'efforts à ma campagne. | 0 |
| | [B] | Je m'investis beaucoup dans tout ce que je fais. | 1 |
| **PvB 8.** | **Vous oubliez un rendez-vous important.** | | |
| | [A] | J'ai la mémoire qui flanche. | 1 |
| | [B] | J'oublie parfois de consulter mon agenda | 0 |
| **PsB 9.** | **Vous êtes candidat(e) à une charge publique et vous ne l'obtenez pas.** | | |
| | [A] | Je n'ai pas bien mené ma campagne. | 1 |
| | [B] | La personne qui a gagné connaissait plus de monde que moi. | 0 |
| **PmG 10.** | **Vous avez des invités à dîner et c'est une réussite.** | | |
| | [A] | J'ai été particulièrement séduisant(e) ce soir-là. | 0 |
| | [B] | Je sais très bien recevoir. | 1 |
| **PsG 11.** | **Vous éventez un crime en appelant la police.** | | |
| | [A] | Un bruit insolite a attiré mon attention.. | 0 |
| | [B] | Ce jour-là, j'étais particulièrement attentif (attentive) | 1 |
| **PsG 12.** | **Pendant toute l'année, vous avez été en excellente santé.** | | |
| | [A] | J'ai eu peu de personnes malades dans mon entourage : je n'ai donc pas été exposé(e) à des contagions. | 0 |
| | [B] | Je suis certain(e) d'avoir pris soin de ma nourriture et de m'être suffisamment reposé(e). | 1 |
| **PmB 13.** | **Vous devez payer une amende à la bibliothèque pour avoir rendu un livre en retard.** | | |
| | [A] | Quand je suis pris(e) par la lecture, souvent j'oublie tout. | 1 |
| | [B] | J'ai été tellement pris(e) par la rédaction d'un rapport que j'ai oublié de le rendre. | 0 |

| | | | |
|---|---|---|---|
| **PmG 14.** | **Vous avez gagné beaucoup d'argent à la Bourse.** | | |
| | [A] | Mon agent a décidé une nouvelle stratégie d'investissements. | 0 |
| | [B] | Mon agent fait d'excellents investissements. | 1 |
| **PmG 15.** | **Vous gagnez une compétition d'athlétisme.** | | |
| | [A] | Je me sentais imbattable. | 0 |
| | [B] | Je me suis beaucoup entraîné(e). | 1 |
| **PvB 16.** | **Vous échouez à un examen important.** | | |
| | [A] | Je n'étais pas aussi calé(e) que les autres. | 1 |
| | [B] | Je n'avais pas assez étudié. | 0 |
| **PvB 17.** | **Vous avez préparé un repas particulier, mais votre invité(e) n'y a presque pas touché.** | | |
| | [A] | Je ne sais pas bien cuisiner. | 1 |
| | [B] | J'ai été contraint(e) préparer le repas en vitesse. | 0 |
| **PvB 18.** | **Vous avez échoué à une épreuve sportive pour laquelle vous vous étiez longtemps entraîné(e).** | | |
| | [A] | Je ne suis pas athlétique. | 1 |
| | [B] | Je ne suis pas doué(e) pour ce sport. | 0 |
| **PsB 19.** | **Vous vous trouvez de nuit sur une route sombre, sans essence.** | | |
| | [A] | Je n'ai pas contrôlé que je roulais sur ma réserve | 1 |
| | [B] | Le témoin du niveau d'essence s'est cassé | 0 |
| **PmB 20.** | **Vous perdez patience avec un(e) ami(e).** | | |
| | [A] | Il (elle) m'agace constamment. | 1 |
| | [B] | Il (elle) était contrariant(e) et de mauvaise humeur. | 0 |
| **PmB 21.** | **Vous payez une amende pour des impôts payés en retard.** | | |
| | [A] | Je remets toujours à plus tard ma déclaration d'impôts. | 1 |
| | [B] | Cette année, je n'ai pas eu envie de faire ma déclaration. | 0 |
| **PvB 22.** | **Vous proposez à une personne de sortir avec vous mais elle refuse.** | | |
| | [A] | Ce jour-là, j'étais franchement peu séduisant(e) | 1 |
| | [B] | J'en ai été abasourdi(e). | 0 |
| **PsG 23.** | **Le présentateur d'un spectacle de jeux vous choisit dans le public.** | | |
| | [A] | J'étais assis(e) à la bonne place. | 0 |
| | [B] | J'en ai été abasourdi(e). | 1 |

| | | | |
|---|---|---|---|
| **PmG 24.** | **Vous vous trouvez à une fête où vous êtes souvent invité(e) à danser.** | | |
| | [A] | Je suis particulièrement avenant(e) lors de fêtes. | 1 |
| | [B] | J'en ai été abasourdi(e). | 0 |
| **PsB 25.** | **Vous achetez un cadeau qui ne plaît pas à votre ami(e).** | | |
| | [A] | Je ne m'investis pas beaucoup dans ce genre de choses. | 1 |
| | [B] | Il/elle est difficile. | 0 |
| **PmG 26.** | **Lors d'un entretien d'embauche, vous vous êtes très bien comporté(e).** | | |
| | [A] | Je me suis très bien senti(e) pendant tout l'entretien. | 0 |
| | [B] | Je réussis très bien les entretiens d'embauche. | 1 |
| **PsG 27.** | **Vous racontez une blague et tout le monde rit.** | | |
| | [A] | La blague était amusante. | 0 |
| | [B] | Je l'ai très bien racontée, au bon moment | 1 |
| **PvG 28.** | **On ne vous a donné que peu de temps pour achever un projet mais vous y arrivez.** | | |
| | [A] | Je fais très bien mon travail. | 0 |
| | [B] | Je suis une personne efficace. | 1 |
| **PmB 29.** | **Ces derniers temps, je me sens très fatigué(e).** | | |
| | [A] | Je n'ai jamais la possibilité de me relaxer. | 1 |
| | [B] | J'ai eu plus à faire que d'ordinaire, cette semaine. | 0 |
| **PsB 30.** | **Vous invitez une personne à danser et elle refuse l'invitation.** | | |
| | [A] | Je ne suis pas assez bon(ne) danseur/danseuse. | 1 |
| | [B] | Elle n'aime pas danser. | 0 |
| **PvG 31.** | **Vous sauvez une personne de l'étouffement.** | | |
| | [A] | Je connais une technique contre l'étouffement. | 1 |
| | [B] | Je sais faire face aux situations critiques. | 0 |
| **PvB 32.** | **Votre ami(e) veut vous quitter, au moins pour quelque temps.** | | |
| | [A] | Je pense trop à moi-même. | 1 |
| | [B] | Je ne lui consacre pas assez de temps. | 0 |
| **Pmb 33.** | **Un(e) de vos ami(e)s vous dit quelque chose qui vous blesse.** | | |
| | [A] | Il/elle parle sans penser à l'effet de ses propos sur autrui | 1 |
| | [B] | Il/elle était de mauvaise humeur et cela m'est tombé dessus. | 0 |

| | | | |
|---|---|---|---|
| **PvG 34.** | **Votre patron vient vous demander un conseil.** | | |
| | [A] | Je suis compétent(e) sur la question. | 0 |
| | [B] | Je donne toujours des conseils très utiles. | 1 |
| **PvG 35.** | **On vous remercie pour l'aide que vous avez apportée à un(e) ami(e) dans un moment difficile.** | | |
| | [A] | Cela me fait plaisir de l'aider dans des circonstances difficiles. | 0 |
| | [B] | Je m'inquiète pour les autres. | 1 |
| **PsG 36.** | **Vous êtes à une fête et vous vous y amusez beaucoup.** | | |
| | [A] | Tout le monde était plein d'entrain. | 0 |
| | [B] | J'étais plein d'entrain cette fois là. | 1 |
| **PvG 37.** | **Le médecin vous dit que vous êtes en bonne forme physique.** | | |
| | [A] | Je fais souvent de l'exercice. | 0 |
| | [B] | Je suis conscient d'être en bonne santé. | 1 |
| **PmG 38.** | **Votre ami(e) vous invite à un week-end romantique.** | | |
| | [A] | Il/elle doit s'absenter pour quelques jours. | 1 |
| | [B] | Il/elle aime découvrir de nouveaux endroits. | 0 |
| **PsB 39.** | **Votre médecin vous dit que vous prenez trop de sucre.** | | |
| | [A] | Je ne suis pas de régime. | 1 |
| | [B] | On ne peut pas éviter le sucre : il y en a partout. | 0 |
| **PmG 40.** | **On vous demande de coordonner un important projet.** | | |
| | [A] | Je viens d'achever avec succès un projet semblable | 0 |
| | [B] | Je suis un bon superviseur. | 1 |
| **PsB 41.** | **Votre ami(e) et vous, vous êtes beaucoup disputés.** | | |
| | [A] | Ces derniers temps, j'étais stressé(e) et irritable. | 1 |
| | [B] | Ces derniers temps, il/elle se montrait hostile à mon égard. | 0 |
| **PmB 42.** | **Vous tombez souvent quand vous faites du ski.** | | |
| | [A] | Le ski, c'est difficile. | 1 |
| | [B] | Les pistes étaient verglacées. | 0 |
| **PvG 43.** | **Votre entreprise vous donne une gratification importante.** | | |
| | [A] | J'ai résolu un problème important. | 0 |
| | [B] | Je suis le/la meilleur(e) employé(e). | 1 |
| **PvB 44.** | **Vos investissements à la Bourse sont depuis longtemps à la baisse.** | | |
| | [A] | J'ai choisi sans connaître le marché. | 0 |
| | [B] | J'ai choisi de mauvais investissements. | 1 |

**PsG 45. Vous gagnez à la loterie.**

[A] C'est par le plus grand des hasards. 0

[B] J'ai choisi les bons numéros. 1

**PmB 46. Pendant les vacances, vous prenez du poids et vous n'arrivez pas à le perdre.**

[A] Les régimes ne fonctionnent pas, à long terme. 1

[B] Les régimes que j'ai essayés ne fonctionnent pas. 0

**PsB 47. Vous êtes à l'hôpital et peu de personnes viennent vous voir.**

[A] Quand je suis malade, je suis particulièrement irritable. 1

[B] Ce genre de choses laisse mes amis indifférents. 0

**PvB 48. Dans un magasin, on n'accepte pas votre carte de crédit.**

[A] Parfois je pense avoir plus d'argent que je n'en ai. 1

[B] Parfois j'oublie de régler le compte de ma carte de crédit. 0

Calculez maintenant votre score, en tenant compte des catégories de questions indiquées à la gauche de chacune.

Il suffit de parcourir le questionnaire déjà rempli, de compter les 1 de chaque catégorie et de reporter le résultat, par catégorie. Le score de la catégorie HoB s'obtient en additionnant le score de PmB et celui de PvB.

Inscrivez le total de chaque catégorie dans ce tableau récapitulatif :

| | | | |
|---|---|---|---|
| PmB : | | PmG : | |
| PvB : | | PvG : | |
| HoB : | | | |
| PsB : | | PsG : | |
| total B : | | total G : | |
| total G – total B= score final : | | | |

Calculez les totaux des catégories B et G et reportez-les aux rubriques « total B » et « total G ». Le score final s'obtient en soustrayant du total G, le total B. Ce nombre est un indice de votre état de bonheur. Si le score G — B est supérieur à 8, vous êtes également heureux dans n'importe quel contexte ; s'il est compris entre 6 et 8, vous l'êtes modérément ; s'il est compris entre 3 et 5, vous êtes dans la moyenne ; s'il est de 1 ou 2, vous êtes modérément pessimiste ; s'il est de 0 ou moins, vous êtes un irréductible pessimiste, un malheureux permanent.

Considérons maintenant la signification de chaque catégorie d'explication. Commençons par examiner les explications des événements de type PmB (c'est-à-dire des événements : 5, 13, 20, 21, 29, 33, 42, 46). Leur score a été indiqué en haut à gauche dans le tableau. L'acronyme PmB correspond à *Permanent Bad,* c'est-à-dire qu'il concerne des explications d'événements négatifs (*Bad*), basées sur des caractéristiques permanentes et négatives. Par exemple, en 5 et en 13, l'explication qui obtient le 1 se rapporte à un manque permanent de mémoire, en 20 à une caractéristique négative stable d'une autre personne ; en 21 à votre paresse, et ainsi de suite. Si vous avez souvent choisi le 1 dans les huit items PmB, c'est que vous préférez des causes fondamentalement stables et permanentes pour expliquer des événements négatifs. Ce n'est pas un indice de bonheur. Donc, si votre score est supérieur à 6 ou même à 8, vous êtes une personne « triste » et vos explications sont difficilement modifiables, car ancrées à des causes considérées comme permanentes.

Considérons les explications des événements de type PmG correspondants à *Permanent Good* (c'est-à-dire 2, 10, 14, 15, 24, 26, 38, 40). Il s'agit de la situation spéculaire de la précédente. Les personnes optimistes expliquent les succès (*Good*) par des causes permanentes. Ainsi des valeurs élevées, à la limite un score de 8 (puisqu'il y a huit items), sont l'indice d'une vision heureuse du monde. Considérons les explications des événements de type PvB (c'est-à-dire 8, 16, 17, 18, 22, 32, 44). Les explications « étendues » *(Pervasiveness*) d'insuccès et d'échecs (*Bad)* s'ancrent au territoire de notre moi (cf. Chapitre 2) par rapport à celles qui ne le sont pas. Par exemple en 8, 16, 17 et 18, la faute incombe au fonctionnement de votre cerveau et à votre incapacité, en 22, les conséquences du refus retombent sur vous, (et pour longtemps), en 32, la faute est un effet de votre nature et non de votre comportement (modifiable), en 44 c'est encore votre incompétence (votre cerveau) qui est opposée à votre comportement (choix occasionnel). Dans le cas des événements PvG (6, 7, 28, 31, 34, 35, 37, 43), il s'agit de choisir des explications à des événements « bons » (*Good*), comme l'arrivée inattendue d'un cadeau (6). Vous pouvez avoir recours à l'une de vos qualités (votre moi est une personne séduisante) ou à un fait contingent (je lui plais). Il en est de même pour les 7, 28, 31, 34, 35, 37et 43, où un succès est expliqué sur la base d'une caractéristique de votre moi ou par une cause spécifique au contexte.

Le score HoB indique combien d'espoir (*Hope)* nous avons si tout va bien ou si tout va mal (*Bad).* Il s'agit d'un score dérivant de deux autres. En effet, il s'obtient en additionnant le score obtenu avec PvB et

PmB. Sa signification psychologique est liée à l'extension de notre moi (l'ensemble de ce que nous pensons dépendre de nous), entendu comme un ensemble de dons permanents, en fonction de la négativité perçue d'une situation (PmB). Comme le dit Seligman, face au même événement, nous pouvons privilégier « des explications dépourvues d'espoir » ou bien des « explications pleines d'espoir » :

| *Sans espoir* | *Avec espoir* |
|---|---|
| Je suis stupide | J'étais peu lucide car j'avais mal à la tête |
| Les maris/les femmes sont comme ça | Mon ami(e) était de mauvaise humeur |

Je ne m'arrête pas sur l'entité psychologique mesurée par HoB car elle découle de l'imbrication de la notion d'extension « du moi » avec celle de « contrôle », dont nous avons déjà parlé.

Les deux derniers points sont PsB et PsG (*Personalization Good and Bad)* ; ils se rapportent au contrôle, interne et externe, dans des situations négatives et positives. Par exemple, en 3, 9, 19, 25, 30, 39, 41 et 47, il nous arrive quelque chose de négatif et nous l'expliquons en disant que, d'une façon ou d'une autre, l'événement était en dehors de notre contrôle (contrôle externe). Au contraire, dans les PsG, c'est-à-dire en 1, 4, 11, 12, 23, 27, 36 et 45, il nous arrive quelque chose de positif et nous l'attribuons à des causes qui étaient sous notre contrôle (contrôle interne).

# *Tables des matières*

Avant-propos à l'édition française ..... 5

Chapitre 1

Il y a plusieurs façons d'être heureux ..... 9

La cigale et la fourmi ..... 9

Un rappel sur le bonheur ..... 11

Les types de bonheur ..... 12

Le bonheur collectif ..... 14

Le bonheur individuel ..... 15

Mériter son bonheur ..... 18

Apprendre à ne pas être malheureux ..... 19

Le bonheur comme adaptation ..... 20

Chapitre 2

Le bonheur de posséder et le malheur de perdre ..... 23

L'expérience des tasses ..... 23

L'extension du moi ..... 26

Pertes relatives et pertes absolues ..... 27

Vraies peurs et périls imaginaires ..... 29

Le bonheur est-il le contraire du malheur ? ..... 32

Le deuil comme phénomène cognitif ..... 33

Bonheur et niveau d'aspiration ..... 36

La mesure des gains et des pertes ..... 40

Chapitre 3

Les causes du malheur ..... 45

Mondes virtuels et contrôle ..... 45

Les causes des malheurs : réelles ou mentales ? ..... 49

La confusion des signes et des causes : une expérience ..... 53

Échecs et estime de soi ..... 56

Confiance en soi et bonheur ... 61
L'esprit d'escalier et les sentiments de culpabilité ... 65

Chapitre 4
La mesure du bonheur ... 69
Égocentrisme et focalisation ... 69
Le bonheur avec les autres ... 72
Dépression et bonheur ... 81
Comment chercher bonheur et malheur, et les trouver ... 83
Les explications comme mesures du bonheur ... 85
Peut-on construire le bonheur ? ... 88

Chapitre 5
Conclusion ... 91
Explorer le malheur pour comprendre le bonheur ... 91

Appendice 1
Un questionnaire pour mesurer le malheur ... 95

Appendice 2
Un questionnaire pour mesurer le bonheur ... 99